LA DEMOCRACIA PROFUNDA DE LOS FOROS ABIERTOS

En la obra original inglesa, en lugar del masculino, el autor utiliza el femenino como genérico, lo que ha supuesto un gran reto en el ámbito de la traducción. En un intento de contribuir a la búsqueda de nuevas formas de comunicación que eviten el sexismo, hemos optado por usar el femenino plural en referencia al término "personas" y reservar el masculino singular para facilitar la fluidez del texto.

La Democracia Profunda de los Foros Abiertos

Pasos prácticos para la prevención y resolución de conflictos familiares, laborales y mundiales

Arnold Mindell

DDX

La Democracia Profunda de los Foros Abiertos
Pasos prácticos para la prevención y resolución de conflictos familiares, laborales y mundiales

Arnold Mindell Ph D

Diseño de la cubierta: Taller Estampa, Barcelona, Spain

Diseño del libro: iWigWam, Cheyenne, WY, USA

Publicado por:
DDeXpresiones de democracia profunda, Barcelona, España -
ddexpresiones@deepdemocracyexchange.com
y
Deep Democracy Exchange, Florence, OR, USA
publish@deepdemocracyexchange.com

ISBN paperback: 978-1-61971-026-9
ISBN ebook: 978-1-61971-027-6

Depósito legal: DL L 1678-2014 (España)

Library of Congress Number :   2014955982 (USA)

Deep Democracy Exchange

ÍNDICE DE CONTENIDOS

PRÓLOGO

La democracia sólo enfatiza en que cada persona esté representada. Cuando extendemos la democracia con la idea de "democracia profunda" para organizar nuestras interacciones, redes de trabajo y el bienestar de nuestras comunidades y naciones, cada una de nosotras (no sólo las líderes y facilitadoras) se ocupa de los hechos y problemas externos, así como de los sentimientos y sueños más sutiles de todas las personas involucradas (Mindell 1992, 1997).[1]

Las organizaciones, comunidades y naciones que deseen tener éxito hoy y sobrevivir mañana, tienen que ser profundamente democráticas; es decir, todas las personas y todos los sentimientos tienen que estar representados. La democracia profunda significa tomar conciencia de la diversidad de la gente, de los roles y de los sentimientos; es una actitud hospitalaria hacia todo lo que llame a la puerta de nuestra atención. Los cambios organizacionales positivos basados en los datos y estadísticas de la democracia no funcionan si no tenemos en cuenta nuestros sentimientos más profundos. En mis libros anteriores sobre democracia profunda (o DP), sostengo que los futuros gobiernos sólo pueden tener éxito si son conscientes de los sentimientos y sueños. Cuando se nos pide que seamos conscientes y valoremos nuestras experiencias internas más profundas, prácticamente todos los grupos o situaciones en el mundo se convierten de inmediato en algo distinto, y manejable. La democracia profunda es un concepto crucial que puede ayudar a conformar el futuro.

Mientras acababa este libro, encontré para mi sorpresa artículos en los periódicos estadounidenses que utilizaban el término y las ideas de la "democracia profunda", tal y como las describí en mi libro de 1992, *Leader as Martial Artist: An Introduction to Deep Democracy* ("Liderazgo como Arte Marcial: Una Introducción a la Democracia Profunda"). No me imaginaba, en 1992, que el concepto de DP se iba a extender tan rápidamente, ni que el vicepresidente de Estados Unidos, Al Gore, la primera dama, Hillary Clinton, o el candidato a la presidencia Ralph Nader, y otros, iban a considerar la democracia profunda como parte de sus visiones de futuro.

Sin embargo, las visiones sobre el funcionamiento de las organizaciones distan mucho de ser hechos. Para llevar a la práctica la visión de la democracia profunda, con su insistencia en hacer de la experiencia interna un tema organizacional, debemos comprender con más detalle cómo usar la democracia profunda para resolver los temas de las organizaciones y los gobiernos. Por lo tanto, en este libro, deseo compartir contigo y describir

- Cómo reconocer y explorar el conflicto, en vez de conflictuar con el conflicto y reprimirlo
- Maneras de conocer y disfrutar tu yo más profundo durante las reuniones
- Cómo usar tus propias experiencias internas en las organizaciones
- Cómo poner en práctica la democracia profunda cuando entran en juego sentimientos complejos y temas relacionados con la diversidad
- Cómo aplicar la democracia profunda para crear "medicina preventiva" en reuniones organizacionales tales como los Foros Abiertos, en todo tipo de comunidades, en cualquier momento y especialmente en periodos de crisis
- Cómo trabajar con los temas que emergen a la superficie y preocupan a nuestras organizaciones, y explorar los sentimientos más profundos, los sueños y los relatos que crean comunidad
- Cómo el misterioso trasfondo que nos rodea a cada uno y a nuestras organizaciones contiene el poder del cambio

Mi motivación principal al escribir este libro es crear grupos y organizaciones donde todas las personas *deseen* participar en los procesos que se generan en los grupos, en lugar de tenerles miedo. Mi objetivo personal es que todas las personas de dentro de las organizaciones hagan la transición desde ser participantes o facilitadoras a lo que yo llamo "participante-facilitador". Me gustaría que todas disfrutemos interpretando el rol que tenemos dentro del conjunto, y además, quiero que cada uno de nosotros se convierta en un élder* sabio, ocupando el rol de facilitador y haciendo que la vida grupal sea más fácil para todas. ¡Todo el mundo, en cualquier posición, sea baja o alta, es potencialmente un élder!

Además, espero que las organizaciones lleguen a conocer el trasfondo místico que las mueve. De hecho, la toma de conciencia de este trasfondo es un aspecto central dentro de las organizaciones y de la sociedad. Siento que los problemas sociales y prácticos no pueden ser bien facilitados sin entrar en la atmósfera onírica que las envuelve.

Nuestras organizaciones, comunidades, y el mundo pueden ser sitios fascinantes donde vivir y trabajar si cada una de nosotras entiende la responsabilidad de usar su propia conciencia como participante-facilitador, actúa cuidando el proceso del sistema y es capaz de ver su dimensión real y su dimensión imaginaria. Conocer estas dimensiones nos da a cada una de nosotras más poder del que creemos; actuando como participantes-facilitadoras cualquiera puede influir incluso en las organizaciones más intratables. Lejos de sentirnos personas desempoderadas en manos de gente poderosa y enormes máquinas mundiales, cada una de nosotras tiene la capacidad de *parar* los ciclos de la historia en los que el poder pasa de los tiranos a la tiranía de las oprimidas. En las palabras del maestro chamán de Carlos Castaneda, Don Juan Matus, cada una de nosotras tiene el poder de "parar el mundo" (Castaneda, 1972).

El trabajo de procesos es una aproximación de amplio espectro para trabajar con problemas humanos, basada en la toma de conciencia de las señales y los eventos que ocurren en el momento. Las trabajadoras de procesos intentan seguir las experiencias internas y las situaciones

---

* "Elder" en el original inglés. La palabra inglesa "elder" se traduce al español como "sabio", "mayor", "anciano". Ninguna de estas traducciones corresponde con exactitud a la idea que el autor quiere transmitir con dicha palabra, ya que este término le permite hacer una analogía entre la sabiduría proveniente de "lo ancestral" y la sabiduría en temas de nuevos liderazgos. Y de la misma manera que leadership se traduce por "liderazgo", hemos traducido eldership por "elderazgo". (Nota de la traducción)

externas. "Orientado a procesos" es la actitud en la que las soluciones a los problemas se pueden encontrar en el proceso mismo, es decir, en el flujo de los acontecimientos y las señales.

Una de las características distintivas del trabajo orientado a procesos en organizaciones, y su aplicación en reuniones de grupos como los Foros Abiertos, se basa en una especial combinación entre el "trabajo de conciencia" interior y exterior. La facilitación orientada a procesos trabaja con nuestro mundo interior y nuestros sueños, así como con el mundo interior del grupo, sus sueños y sus relatos. Organizaciones de trabajo de procesos de todo el mundo, han probado y estudiado los métodos de DP que describo en este libro en todo tipo de organizaciones y Foros Abiertos para mejorar el ambiente de convivencia y de trabajo en las comunidades, incluyendo zonas de conflictos intensos.

Los métodos que se describen aquí se basan en más de treinta años de experiencia con grupos de todo el mundo, de personas envueltas en conflictos multiculturales, locales e internacionales (ya sea en familias, en empresas, en calles de los centros urbanos o en zonas en guerra). Este trabajo se ha aplicado en el desarrollo organizacional de pequeñas y grandes empresas, escuelas, iglesias, sindicatos, grupos militares y en situaciones de conflicto étnico, programas de mediación, centros comunitarios, asociaciones vecinales y proyectos de cooperación entre asociaciones. Recientemente hemos utilizado los métodos de este libro para abordar temas referentes a un antiguo campo de concentración.

Las historias de cada organización, sus luchas a vida o muerte, son episodios abreviados de la historia del mundo. Dentro y alrededor de nuestros grupos, conflictos imperceptibles crean y destruyen organizaciones. La historia del mundo nos proporciona los hechos externos y visibles de los conflictos, los cuales son la consecuencia natural del comportamiento de las organizaciones pequeñas. No me gustan las estadísticas, ni me fío del todo de ellas, pero me gustaría mencionar un hecho histórico: Desde 1945 han muerto veinticinco millones de personas luchando en guerras. Eso da un promedio de medio millón de personas al año, es decir, cada día del año mueren en la guerra más de mil personas.

Resulta evidente que la guerra es uno de los problemas globales más graves y que la democracia no ha reducido el número de conflictos. De hecho, aunque las estructuras piramidales de poder a nivel mundial están disminuyendo y emergen redes de cooperación autoorganizadas basadas en relaciones horizontales, las tensiones provocadas por los conflictos en su conjunto *no* han disminuido. De hecho, a menudo parece que se han acentuado.

Pasa lo mismo con las organizaciones pequeñas. Se hiere o "mata" a personas, cada día. Como asesor de organizaciones, observo a menudo que los conflictos más destructivos podrían evitarse si prestáramos atención y tratáramos las tensiones grupales. Sin embargo, ocurre lo contrario: la mayoría de personas evita las tensiones. En realidad, la mayor guerra del mundo bien podría ser *conflictuar con el conflicto*. ¿Por qué? En cierto modo, es simple.

A la mayoría de nosotras nos horrorizan los conflictos. A pesar de que en el mundo de hoy hay menos dictaduras políticas y más democracia, continúan apareciendo líderes tiránicas por todas partes, incluso en las organizaciones "más agradables". Podemos ver a este "dictador" que aterroriza a la gente incluso en las organizaciones más "democráticas". Parece que pocas de nosotras advertimos que, aunque este tirano puede ser el jefe, también puede ser cualquier otra persona de la organización (incluidas nosotras mismas). De hecho, cualquier persona o nosotras mismas podemos llegar a ser terroríficas, incluso cuando estamos intentando arreglar una situación, y pedimos al resto que sean más igualitarias y conscientes. A menudo grupos bienintencionados, "defensores de la toma de conciencia", no se dan cuenta de cómo pueden llegar a presionar a la gente en estos temas. Cualquiera de nosotras que no tenga conciencia del poder que tiene y cómo lo usa, puede, sin querer, herir a la gente de su alrededor. Si no somos cuidadosas, el intento mismo de "concienciar" puede llevarnos a reciclar el comportamiento abusivo que esperamos corregir.

Los capítulos de este libro muestran como percibir señales, tomar conciencia de los roles que adoptamos en cada momento, y volvernos más fluidas en la comunicación y manejo de estos cambios de roles y en lo que llamo "los sueños de la comunidad". Sin este tipo de conciencia, es probable que pasemos por alto nuestro propio comportamiento y las señales del resto de la gente, respaldando inadvertidamente el abuso de poder. Sin esta conciencia, acostumbramos a chismorrear sobre la gente problemática en vez de prestar atención y aprender a gestionar las dificultades en las organizaciones. Puede ser que esta gente nos asuste, o que realmente no sepamos qué decirles o aconsejarles para que mejoren sus habilidades interpersonales. O también puede ser que huyamos, disminuyendo nuestra capacidad potencial para cambiar la situación, y nos conformemos identificándonos con la víctima indefensa de la organización, soñando que algún día aparecerá montado en su caballo algún facilitador heroico que arreglará la situación.

Las organizaciones a menudo se asemejan a familias en las que una o dos personas despreciables dominan al resto, mientras otras observan desde afuera con miedo o miran hacia otro lado. Como nadie detiene a estas personas inconscientemente abusivas, se van haciendo más fuertes, hasta que toda la organización, o incluso toda la sociedad, tiene que lidiar con ellas imponiendo normas, leyes y cosas peores.

Lo que quiero decir es que considerar que el "dictador" o el sistema son el problema, es superficial. El problema de fondo está relacionado con la manera en que cada una de nosotras somos conscientes o no de los roles y los "fantasmas" (con esto me refiero a las terceras personas, de las que se habla pero no están directamente representadas) que hay en las comunidades. Cada vez que ignoramos nuestras propias señales de dolor y las de las demás, cada vez que ignoramos a los fantasmas, *nosotras mismas* estamos contribuyendo en la creación de un mundo aterrador y destruyendo nuestras propias organizaciones.

La mayor parte del trabajo de conflictos que se ha hecho hasta el momento se ha basado en procedimientos lógicos, buenas ideas y, sobretodo, en trabajar desde nuestros estados ordinarios de conciencia, en los que normalmente se espera que la gente sea agradable. Este es el motivo por el cual, este tipo de trabajo de conflictos normalmente no funciona cuando se trata de gestionar tensiones. Por lo general, en un ambiente de acusaciones y represalias, casi nunca estamos en un estado ordinario de conciencia. El miedo y la ira abundan. Intensificar la disciplina y aplicar las reglas de forma más estricta nunca será suficiente para gestionar los problemas de nuestro mundo. El trabajo de conflictos sin tener en cuenta los estados alterados de conciencia es como vacunar contra la gripe a alguien que esté en un estado de conciencia maníaco o depresivo.

En este libro, uso un nuevo paradigma para trabajar con grupos grandes, uno basado en la *conciencia del flujo de señales y eventos*. Focalizándonos en las señales más sutiles que indican el inicio de emociones como el miedo, la rabia, la desesperanza, y otros estados alterados de conciencia, incluso los problemas aparentemente imposibles se transforman en experiencias enriquecedoras para la comunidad. Voy a exponer cómo todo el mundo (gente en escuelas y organizaciones, comunidades y gobiernos) puede utilizar las experiencias internas, los sueños y el misticismo junto con los métodos reales de gestión de conflictos, con el objetivo de crear comunidades vivas, más sostenibles y conscientes.

Estoy agradecido a aquellas adolescentes (que quieren permanecer en el anonimato) y a sus madres y padres, que sin querer me condujeron a escribir este libro. Me siento especialmente agradecido a las nativas americanas, aborígenes australianas, africanas, afroamericanas, asiáticas, hispanas, europeas, homosexuales y heterosexuales con las que he trabajado y probado las ideas de este libro. Me siento en deuda con las comunidades de trabajo de procesos que hay en todo el mundo por haber probado muchas de las prácticas recomendadas en este libro. Agradezco también a las organizaciones empresariales, pequeñas y grandes, de todo el mundo, por ayudarme a aplicar este trabajo y transformar sus organizaciones en comunidades.

Quiero agradecer a Susan Kocen la transcripción de las notas originales de mis clases de Foros Abiertos en el Centro de trabajo de procesos de Portland, Oregon. Quiero agradecer a Margaret Ryan por su apoyo en la edición de este manuscrito. Y también estoy agradecido a las siguientes lectoras, que han mejorado enormemente este trabajo al proporcionarme sus reveladores comentarios. (¡Aunque no son responsables de los errores!). Gracias a Lane Arye, Tom Atlee, Midi Berry, Daniel Bowling, Jim Chamberlin, Hanna Chung, Julie Diamond, Ela Dieda, Jan Dworkin, Joe Goodbread, Kate Jobe, John Johnson, David Jones, Gene Hanson, J.J. Hendricks, Peter Irving, Robert King, Lukas Hohler, Ursula Hohler, Mary McAuley, Dawn Menken, Carl Mindell, Pearl Mindell, Ingrid Rose, Martha Sandbower, Heike Spoddeck, Wilma Jean Tucker and Lily Vassiliou. Y gracias especialmente a mi editor de Hampton Roads, Richard Leviton.

Amy Mindell, mi compañera en todo el trabajo comunitario, sufrió, jugó y me ayudó a "sentarme en el fuego" y trabajar con más de cien mil personas en todo el mundo, participar en cientos de procesos comunitarios, procedimientos de organizaciones, y conflictos. Sin ella, este manuscrito no podría existir. Al unirse a mí en este trabajo, Amy ha aliviado el dolor de mi búsqueda por un mundo mejor.

Conduciendo un Foro Abierto

CAPÍTULO 1

Más allá de las leyes del orden

"No podemos desmantelar un sistema
sin tener otro para sustituirlo"
– Mahatma Gandhi (Sharp 1973)

Para entenderte a ti mismo, debes explorar tus propias experiencias internas. De la misma manera, si las organizaciones multinivel desean conocerse a ellas mismas, deben explorar los Foros Abiertos con el fin de comprender sus diversas partes. En mi definición, los Foros abiertos son encuentros democráticos y estructurados, presenciales o en el ciberespacio, en los que todas las personas se sienten representadas. Y, además, son facilitados de una manera profundamente democrática, lo que significa que los sueños y sentimientos más profundos también pueden ser expresados. En otras palabras, los Foros Abiertos son a un grupo o a una ciudad lo que el trabajo interior es a un individuo. La analogía entre el trabajo interior de un individuo y la organización de un Foro Abierto va aún más lejos. Del mismo modo que tu crecimiento personal depende de tu apertura a tus distintas partes, emociones y figuras oníricas, el proceso de auto-descubrimiento de una organización depende de su apertura a la diversidad de sus integrantes, y de sus mundos internos y externos.

La conciencia de la diversidad tiene múltiples niveles: Se trata de percibir culturas, edades, géneros, razas, orientaciones sexuales, religiones, bagajes económicos, profesiones, habilidades, sueños y maneras de ver el mundo. El trabajo orientado a procesos en organizaciones está basado en tomar conciencia y sacar a la luz la riqueza de toda nuestra diversidad y complejidad.

Se dice que Gandhi "no quería conquistar batallas; quería conquistar corazones y mentes" (Atlee; Bondurant 1965). Los métodos de los Foros Abiertos orientados a procesos aspiran precisamente a eso. Promoviendo la conciencia de los sentimientos más profundos y de las señales comunicativas *de todas las personas* de la comunidad, podemos crear intercambios no-violentos a la vez que directos. Los nuevos procedimientos que se presentan en los siguientes capítulos están adaptados para trabajar en organizaciones, ya sean escuelas, empresas o ciudades, entendidas como *sistemas vivos* y no solamente como entidades mecánicas.

A menudo tengo la sensación de que las personas en las que hemos depositado responsabilidades de liderazgo y de cambio global no son las más indicadas para esos puestos. La mayoría de líderes mundiales, líderes de organizaciones, activistas y políticos tienen poca formación en entender a la gente o en ayudar a los grupos a cambiar. Sin embargo muchas de nosotras, que supuestamente sabemos sobre transformación personal, es decir, quienes tenemos profesiones de apoyo, solemos evitar las tareas organizativas y los problemas relacionados con la transformación social. La falta de líderes conscientes es el motivo por el cual las organizaciones con problemas se rebelan contra sus propios problemas, y conflictúan con el conflicto. Presuponen que los conflictos son "malos".

Las ideas de los procesos son distintas. En lugar de pensar bajo los términos del paradigma que condena lo que emerge en una situación de conflicto determinada e implementa programas, métodos y procedimientos que implícitamente menosprecian a las personas implicadas, el trabajo orientado a procesos en organizaciones revela el poder de transformación que las tensiones y el comportamiento humano contienen dentro de sí mismas. En el nuevo paradigma, *el conflicto en sí mismo es la manera más rápida de crear comunidad.* El conflicto es el propio remedio.

Los métodos democráticos, las normas y las leyes por sí solas no crean sentimiento de comunidad. Las normas y las leyes pueden servir para gobernar sistemas mecánicos, pero no personas. El nuevo paradigma, que describo en los siguientes capítulos, reconoce que las organizaciones son seres parcialmente mecánicos que necesitan un cambio de comportamiento. En el nuevo paradigma, las organizaciones también son organismos vivos cuya sangre está compuesta de sentimientos, creencias y sueños. Cuando ignoramos la circulación de esta "sangre", es decir, las experiencias momento-a-momento, desatendemos las emociones y reprimimos lo que yo llamo "el trasfondo de los sueños" del día a día de las escuelas, empresas y ciudades. Ignorar el trasfondo de los sueños tarde o temprano nos deprime. Cuando los "hechos" se vuelven más importantes que los sentimientos y los sueños, nos aburrimos, no votamos, no queremos ir a reuniones, evitamos los problemas que surgen en nuestras relaciones, y no sentimos interés por la vida pública. Las participantes desinteresadas deterioran las organizaciones, precipitando su caída, como si fueran casas de papel.

En el mundo actual, las "buenas" ideas no funcionan sin poner conciencia en la comunicación. Un único bando no puede realmente ganar una batalla. De la misma manera, un único método no puede gestionar todos los aspectos humanos por mucho tiempo. Nuestras organizaciones ya no se encuentran en un lugar físico concreto; ¡el ciberespacio ha cambiado todo esto! En nuestro mundo del segundo milenio ya no hay simples localizaciones concretas. Somos básicamente un planeta de interconexiones.

Por lo tanto, la democracia profunda no considera a las integrantes de las comunidades únicamente como entidades separadas y localizadas, sino también como espíritus del tiempo sensibles, no localizados e interconectados, que cambian constantemente. En otras palabras, cada uno de nuestros puntos de vista tienen algo de global y eterno, pues aunque no estemos presentes siempre hay alguien que parece tomar nuestro punto de vista. De hecho, los puntos de vista se parecen más a fantasmas que a hechos concretos. Incluso cuando no hay ninguna persona que represente un punto de vista concreto, en cierto modo "lo sentimos presente". Todas hemos notado en algún momento u otro cómo algunos roles como el "rebelde" o el "líder inconsciente" se ciernen como espíritus alrededor de los grupos.

Incluso en situaciones serias, los Foros Abiertos orientados a procesos pueden hacer aflorar los espíritus del trasfondo de una manera jovial, para revelar a la comunidad como un ser onírico y global en el camino del auto-descubrimiento. Al considerar los procesos de grupo como maestros, todas las personas se vuelven al mismo tiempo aprendices y líderes, incluyendo niñas y niños pequeñas y líderes de bandas callejeras. Según informa William Ury en su excelente libro de 1999, *Getting to Peace* ("Alcanzar la paz") "En diez mil escuelas de este país, niños y niñas de sólo seis o siete años están aprendiendo meditación en grupo". Nos dice que en las ciudades de los Estados Unidos "los líderes de las bandas de gánsteres llegan a menudo a ser los mejores mediadores, ya que transmiten respeto por la transformación que ellos mismos han llevado a cabo". Los métodos de toma de conciencia de los Foros Abiertos orientados a procesos funcionan en interacciones presenciales y por internet.

Usar la conciencia en los grupos nos permite descubrirnos a nosotras mismas, nuestra forma de ser. Con conciencia, no sólo accedemos a nuestras emociones, sino también al desapego. Cualquiera que utilice su conciencia para entrar en el corazón del conflicto sabe por experiencia personal que las emociones que emergen no son siempre predecibles. Yo sé por mi propia experiencia, por ejemplo, que los sentimientos implicados en situaciones tensas me afectan profundamente. A veces la gente me asusta; me hacen sentir triste, o incluso distante de la situación. Si uso mi conciencia, noto que a veces mi cuerpo tiembla como si estuviera delante de un monstruo enorme, aunque la persona que tengo enfrente parece comportarse de forma tímida. Usar la conciencia me conecta con la diversión, el entusiasmo y el amor hacia cualquier momento dado. Usar la conciencia es un paradigma completamente distinto a utilizar las normas y el poder, porque con conciencia, el siguiente paso no siempre es predecible. Incluso puede que hayan monstruos.

Taoismo: paradigma chino ancestral
para trabajo de procesos

Para llevar bien los cambios y sobrevivir al estrés del conflicto, necesitamos algún paradigma que vaya más allá de los de peligro y seguridad, guerra y paz, violencia y no-violencia. Estos puntos de vista están o bien *a favor* o bien *en contra* de lo que está sucediendo en el momento. Si por cualquier motivo estás en contra del conflicto, o de la paz, tenderás a ignorar la furia o la tranquilidad en los grupos. Las facilitadoras de trabajo de procesos no usan paradigmas de paz, que declaran la guerra al conflicto. El trabajo de procesos está basado en una creencia ancestral china en la naturaleza llamada Taoismo, que abarca todos los posibles estados de la mente, como el conflicto y la paz, el estancamiento y el progreso. La filosofía del taoísmo se expresa en las ochenta y una máximas del *Tao Teh Ching*. Los distintos estados de conciencia que abarca el taoísmo se reflejan en los sesenta y cuatro encabezamientos de los capítulos del *I Ching, o El libro del cambio.* Para mí, el taoísmo significa que deberíamos sentir y observar la naturaleza, y estar en paz con lo que está ocurriendo, ya sea el conflicto o la calma. Si dejamos de luchar contra la guerra y de pelear contra las tensiones, podemos dar a los problemas la oportunidad de resolverse por sí mismos.

El taoísmo me ha sido muy útil en mi trabajo, tanto con grupos pequeños como con grupos grandes. Mi visión personal del taoísmo es, en cierto sentido, muy simple. Cuando observo a mi alrededor, veo que todo cambia. Intenta encontrar una sola cosa en esta Tierra que no cambie con el paso del tiempo. No hay "cosas" fijas. Las estrellas están en proceso de transformación; la Tierra evoluciona; todo está en proceso de cambio. Cada una de nosotras cambia cada día. Ésta es la esencia del taoísmo y también de la física teórica moderna. Las cosas inamovibles no existen. En cierto modo, todo se está moviendo y danzando al unísono.

El día antes de comenzar a trabajar en este libro, fui de excursión a la montaña y estuve subiendo durante algunas horas por las colinas, hasta que llegué a un alto donde había una explanada de rocas. Miré hacia el cielo y vi las nubes deslizándose, como bolas de algodón azul-grisáceas, fluyendo bajo un brillante cielo azul. Un alce corriendo por los prados llamó mi atención cuando miraba los valles otoñales, pintados de rojo y dorado por el cambio de estación. Arriba estaban las nubes flotando a través del cielo; debajo, el alce corriendo por los prados. Mientras disfrutaba el paisaje me vino un pensamiento: toda la tierra está cambiando, estremeciéndose y temblando. Los animales, las plantas, las rocas, las estrellas del universo están en movimiento, y no independientemente unas de otras, sino en conjunto, en un especie de danza. Así como las nubes, el alce y la Tierra danzan juntas, también lo hacen el resto de las cosas.

Mientras estaba allí percibiendo esta inmensa danza, me emocioné y comencé a llorar. Esta experiencia situó el trabajo de mediar los cambios en las organizaciones en otra perspectiva, como parte de una interacción más amplia y más imponente; la danza del mundo. Esta visión de que las cosas cambian y están interconectadas es la visión del Taoísmo.

Podríamos decir que la manera en que las cosas se mueven y cambian es una danza. Cada danza es una especie de Tao. El conflicto es esa especie particular de Tao, esa danza particular, en la que oyes a alguien gritando: "Me estás pisando el pie, ¡sal de ahí!" Cuando nadie está escuchando, los bailarines del Tao del conflicto pueden pasar al Tao de la violencia. En conclusión, el no-Tao es inevitable. La conciencia puede convertir una situación dolorosa en una enriquecedora. Para prevenir la violencia, debemos prestar atención a la voz de "¡Me estás pisando!", así como a los sentimientos y al dolor que se reflejan en ella. Justo en ese momento, la conciencia puede conducir a nuevas relaciones, a nuevas danzas.

Esto me recuerda a una interacción reciente que vimos mi compañera Amy y yo en Londres, trabajando con un grupo grande de personas procedentes de todo el mundo. En un momento dado, la atmósfera pacífica del grupo fue alterada por el llanto de una mujer que trajo a la conciencia de todas el dolor de los gays y las lesbianas rechazadas por sus familias y sus culturas. La atmósfera del grupo, o el Tao, cambió; el conflicto estaba presente. La apertura a la tensión introducida por los gays y lesbianas permitió a las personas que se habían estado reprimiendo a hablar sobre sus problemas.

En una interacción intensa, participantes irlandesas hablaron del sentimiento ancestral de ser "pisoteadas" por la gente inglesa, y esto abrió el conflicto histórico entre Irlanda e Inglaterra. De repente, una mujer irlandesa sensible tomó la palabra y habló de su sensación de ser menospreciada por los ingleses. Exclamó, "¿Por qué colonizarnos?, ¿Por qué pisotearnos? ¿Dónde están vuestros sentimientos?"

Un hombre inglés, que había permanecido en silencio hasta aquel momento, explicó que el hecho de ser marinero de la Marina Inglesa le había forzado a reprimir sus sentimientos. La mujer le gritó, acusándolo de no tener corazón. Inmediatamente, las otras participantes rodearon al hombre para protegerlo de ella. Amy y yo sugerimos que se permitiese que él quedase solo frente a ella. El grupo se apartó y se quedaron los dos en el centro mientras Amy y yo tratábamos de utilizar la conciencia y seguir su experiencia momento-a-momento. Como siempre, confiábamos en que sus señales corporales y el proceso en sí mismo nos mostrara qué teníamos que hacer.

Después, sorprendentemente, él empezó a llorar, admitiendo con tristeza que había perdido la capacidad de escuchar sus propios sentimientos. Con más grata sorpresa aún, mientras él lloraba, ella lo miró y de repente exclamó "¡Has perdido tu alma!" Ella explicó que se había dado cuenta por primera vez que a pesar de que siempre lo había sentido como el opresor social, él estaba en una situación incluso peor que la suya propia. Cambiando por completo su conducta, ella dijo que se sentía mal por él. Ante el asombro de toda la gente presente, se abrazaron, habiendo reconciliado su conflicto, al menos en aquel momento y en aquella ciudad.

Nuevas danzas

En el trabajo de procesos la conciencia es la clave. Al igual que en el taoísmo, cada momento concreto contiene los siguientes pasos necesarios para las relaciones. El trabajo de quien gestiona conflictos no se limita solamente a reorganizar a las personas, también consiste en ayudar a la gente a darse cuenta de cómo sus propias señales comunicativas y sueños, las señales y sentimientos ocultos, es decir, el tao oculto de una situación determinada, reorganiza las organizaciones. Estas señales vitales y sueños permiten que la gente vuelva a caminar junta. Se trata de entrenar nuestra habilidad para *percibir* los siguientes pasos, que se *ocultan* en lo que más adelante definiré como "señales corporales" y "fantasmas organizacionales". La conciencia revela inevitablemente los nuevos pasos a seguir, los que pueden transformar incluso los conflictos más intratables.

EL PROBLEMA CON LA DEMOCRACIA

Una de las causas que subyacen a la violencia omnipresente que nos preocupa a todas cada vez más es el paradigma democrático actual. En los fundamentos de la democracia hay ideales maravillosos como el de la libertad. Por ejemplo, en la Declaración Universal de los Derechos Humanos de la Naciones Unidas,[1] artículos 2 al 21, se recoge el derecho a la libertad de toda persona sin distinción alguna de raza u otras formas de discriminación; el derecho a la vida, a la libertad y a la seguridad de la persona; el derecho a no ser sometido a la esclavitud ni a la servidumbre involuntaria; el derecho a no sufrir torturas ni castigos o tratos crueles, inhumanos o degradantes. No obstante, ¿puede realmente la democracia, tal y como está planteada actualmente, defender estos derechos?

El significado etimológico de la palabra *democracia* está asociado al poder, no a la conciencia. En Griego, *demo* significa pueblo y *kratie* significa poder. La palabra democracia significa por tanto poder del pueblo. Uno de los objetivos originales de las formas de gobierno democráticas era equilibrar y distribuir el poder; en lugar de concentrarse solamente en la élite gobernante, era supuestamente distribuido entre toda la gente. ¿Qué puede fallar en el poder del pueblo? Si la gente pudiera ser razonable en vez de emocional, la democracia y el "buen" uso del poder, podría funcionar. Pero sin conciencia de nuestras capacidades de interacción, el poder social por si solo nunca podrá resolver nuestros problemas en las relaciones.

TIRANÍA INTERNA EN LUGAR DE DEMOCRACIA

Existen dos razones por las que la democracia no funciona bien. En primer lugar, la democracia se ocupa principalmente de temas sociales, no de temas internos, personales. Los comportamientos humanos realmente democráticos son muy fugaces. No he conocido nunca a nadie capaz de mantener una forma de conciencia igualitaria y democrática hacia sí misma o hacia las demás durante más de unos breves momentos. Si no entrenamos de alguna manera nuestra conciencia, en la privacidad de nuestra autonomía interna la mayoría de nosotras actuamos de un modo tiránico. En lo que se refiere a reconocer distintos aspectos de nosotras mismas, nos convertimos en dictadoras que simplemente se niegan a hacerlo. Si somos fuertes, ignoramos nuestra debilidad. Si somos cordiales, reprimimos y/o negamos nuestro enfado.

En lugar de incorporar el principio democrático que dice que todas las personas o partes deberían estar representadas, acostumbramos a tomar en cuenta solamente el punto de vista predominante; el del yo cotidiano. Este punto de vista "dictatorial" se asegura de que no escuchemos a las distintas partes de nosotras mismas; nuestros sentimientos, anhelos, deseos, miedos y capacidades. La democracia que, en principio, se esfuerza por empoderar a todas las partes, no puede funcionar mientras se identifique exclusivamente como un modelo para estructuras externas. Para hacer de la democracia una experiencia interna, debemos involucrarnos con algún tipo de trabajo o diálogo interior y así crear una democracia más profunda.

EL PROBLEMA DEL PODER EN LA DEMOCRACIA

Un segundo problema de la democracia es que está basada en el concepto del *poder* de la ciudadanía, y más específicamente, en el poder de la mayoría, en lugar de basarse en la conciencia que cada ciudadano lleva dentro. Puede ser que, en el mejor de los mundos posibles, nos podamos imaginar a la mayoría interesándose en los puntos de vista de la minoría. Sin embargo, esto no ocurre normalmente. De hecho, tal y como señala el Profesor J. J. Hendricks del Departamento de Política y Administración Pública de la Universidad del Estado de California, Stanislaus, la democracia sin conciencia es una forma de tiranía.

La conciencia es un principio rector más completo que el poder. Usando la conciencia, somos capaces de hacer un seguimiento de lo que pasa con la gente y con las partes de nosotras mismas que no pertenecen a la mayoría gobernante. Poniendo conciencia, nos damos cuenta de que la minoría se altera cuando se da cuenta de que a la mayoría no le interesan sus necesidades ni sus puntos de vista, y que los deseos de aquellas personas que tuvieron menos votos no serán escuchados, aunque se suponía que serían tomados en cuenta.

Por ejemplo, si la mayoría de adolescentes en una zona determinada de una ciudad son de una raza, de una orientación sexual y de una clase económica concretas, y dos jóvenes de otra raza, orientación sexual y clase económica llegan a vivir a esta zona, es probable que sean excluidas. Los procedimientos democráticos, que proporcionan pautas de *comportamiento* pero no de *conciencia*, no pueden prohibir, y de hecho ni tan siquiera abordar, el menosprecio por parte de la mayoría que está humillando a las jóvenes recién llegadas.

El menosprecio se convierte en desagrado y el desagrado en marginación. A las excluidas sólo les queda irse o vengarse. En los recientes tiroteos en escuelas de los Estados Unidos, se escogió la venganza. En un intento de compensar un desequilibrio de poder, las personas excluidas por la mayoría cogieron sus armas, mataron a trece adolescentes y después se suicidaron, aterrorizando eficazmente a la nación.

No entraré en los detalles sobre la gente y la ciudad dónde ocurrieron los hechos. La cuestión es que la democracia es una forma externa, no interna. La cuestión es que la democracia promueve el poder, no la conciencia. Y como consecuencia, nadie interviene cuando una persona o grupo ejerce su poder psicológico e impone sus "reglas" al resto. La democracia de hoy es como una danza antigua. Necesitamos una danza nueva, una democracia más profunda, basada en la toma de conciencia de lo que está pasando dentro de nosotras mismas y de las demás.

LAS REGLAS DE ORDEN DE ROBERT

Antes de empezar a explorar los métodos de la democracia profunda que pueden ser utilizados en encuentros de cualquier tipo, pensemos en detalle sobre los procedimientos democráticos prevalentes. Un modelo clásico, cosmopolita, que rige los procedimientos parlamentarios y asamblearios de todo Estados Unidos y Canadá, son las *Reglas de orden de Robert*. En Suiza, el procedimiento análogo se llama *Vereinsrecht*. Cada país tiene su propio nombre para dichos métodos. Dondequiera que se celebren reuniones, aparece algo parecido a las *Reglas de orden de Robert*, independientemente de la organización o el país.

Las reglas de orden de Estados Unidos surgen del Brigadier General Robert. ¿Quién fue Robert? Henry Martyn Robert era un miembro del Ejército de Estados Unidos que vivió durante la Guerra Civil (en Estados Unidos). En un intento de traer orden a las reuniones caóticas, Robert creó sus reglas de orden.[2] Las reglas racionalizaban las conductas de las asambleas creando procedimientos lineales orientados hacia el logro de una tarea concreta. Hoy en día, las reglas de Robert son utilizadas extensamente en Estados Unidos para todo tipo de reuniones, desde grupos eclesiásticos hasta el Congreso. Incluso cuando las reglas no se siguen de forma estricta, el espíritu del orden implícito en estas reglas envuelve los encuentros, especialmente en momentos en que amenaza el caos o cuando los grupos deben tomar decisiones sobre temas controvertidos.

Claramente las reglas anteponen el *orden* a las *emociones*. De hecho, la "uniformidad en los procedimientos" estaba destinada a proteger de "la caprichosidad".[3] Las reglas dan más importancia a la linealidad que a la espontaneidad, a lo conocido que a lo impredecible. La "decencia", es decir, la conformidad con los valores establecidos referentes al buen gusto y al decoro, está por encima de otros posibles valores. En otras palabras, las convenciones de Robert favorecen principalmente las normas culturales convencionales (lo que en Estados Unidos significa cultura blanca anglosajona) por encima de otras normas culturales.[4] Según mi experiencia, esta especie de rigidez cultural que encontramos en las reglas de Robert no es exclusiva de ninguna cultura particular; siempre que se usan formas legales en una organización, se invocan las ideas de poder y orden de la corriente principal con el fin de dominar los sentimientos inapropiados.

¡Estás fuera de lugar!

Las reglas aportan evidentes beneficios; uno de ellos es la "regularidad". Pero, ¿qué pasa con la gente que no es "regular"? Robert no contempló los efectos de sus reglas sobre las personas "cohibidas", ni tampoco sobre las juzgadas como "caprichosas". Las reglas marginan inconscientemente a gente, sentimientos y emociones "irregulares", defendiendo un estilo de comunicación por encima de otros. Además, muestran poca conciencia hacia los sentimientos no mayoritarios, prohibiéndolos de manera encubierta o considerándolos directamente "fuera de lugar".

¿Cómo te sentirías si fueras silenciado constantemente con la frase "Cállate, estás fuera de lugar"? Probablemente te sentirías desvalorizado, infeliz, puede ser que avergonzado o incluso algo peor. Si este silencio obligatorio se extiende durante periodos largos, una reacción natural podría ser la depresión, quizá incluso el consumo de drogas o el suicidio, o también la rabia, la ira, la rebelión y la venganza.

El espíritu de las *Reglas de orden de Robert* provoca que a alguna gente le resulte imposible hacerse oír. En cierto modo, sus opciones son romper las reglas, caer en una depresión o atacar con ira y venganza. Puede que ésta sea una explicación del hecho de que nuestras instituciones psiquiátricas "correccionales" estén llenas de gente perteneciente a "minorías", gente que durante mucho tiempo ha estado, como mínimo, marginada, deprimida y enfadada. Aunque se supone que los procedimientos democráticos deberían asegurar un trato de igualdad, los procedimientos convencionales del parlamento y de las empresas llevan inconscientemente al abuso de poder en relación con las minorías.

En consecuencia, Robert es un espíritu fantasma con dos caras. La cara benevolente refuerza la disciplina y el orden, mientras que la otra ignora los "caprichos" (es decir, el comportamiento irracional e impredecible). El resultado es que dos fantasmas dominan todas las empresas, escuelas y encuentros de grupos; un fantasma es Robert el Justo, y el otro fantasma es Capricho el Saboteador.

Entonces, ¿qué sale de esto? Cuando no se aplican las reglas de Robert, la gente indeseable, demasiado emocional e indisciplinada, según la perspectiva de Robert, va a participar y "molestar" en las asambleas. Todos los procedimientos unilaterales que favorecen las normas por encima de la conciencia y las emociones (o las emociones por encima las normas) ignoran, por fuerza, al menos la mitad de la naturaleza humana. Por tanto, ¿podemos respetar a Robert y permitir al mismo tiempo que exista el espíritu prohibido de Capricho?

Democracia Profunda

La filosofía de la democracia profunda reivindica que *todas* las personas, *todas* las partes y *todos* los sentimientos son necesarios. La democracia profunda valora las formas de la democracia actual pero les añade la necesidad de tomar conciencia de los sentimientos y la atmósfera que se genera tanto en las interacciones momento-a-momento como en las prácticas institucionales. La democracia profunda utiliza procedimientos basados en métodos lineales, en costumbres organizacionales, en derechos y en imparcialidad, *después de haber articulado y apreciado las experiencias sutiles, no verbales.*

Imagina la siguiente situación, que es un relato abreviado de un conflicto entre aborígenes y funcionarios no aborígenes del gobierno sobre derechos de tierras. (He modificado algunos detalles distintivos, con el fin de proteger a la gente involucrada.)

Amy y yo facilitábamos una asamblea de cientos de personas centrada en el uso de las tierras. En medio de la sala abarrotada, estalló un acalorado debate cuando la gente aborigen intentaba explicar que desde siempre habían estado cazando en un territorio determinado, hasta que el gobierno les negó este derecho. Los funcionarios del gobierno intentaron exponer su punto de vista: "Simplemente estamos haciendo nuestro trabajo; votemos para decidir sobre esta situación".

De repente, se desató un bullicio entre un grupo aborigen en la parte posterior de la sala. Una mujer salió del grupo y, andando con orgullo, se dirigió al jefe de los funcionarios de gobierno. Él le dijo que estaba "fuera de lugar" y que había llegado el momento de votar. Ella se quedó de pie delante de aquel funcionario, mirándolo tranquilamente a los ojos. Nadie hablaba. Después, desde una profunda emoción, habló, casi cantando, sobre el sufrimiento de su gente, y, acto seguido, empezó a hacer movimientos de danza durante un minuto o dos, toda la gente se quedó mirándola, hechizada.

Cuando recuperó el aliento, dijo que la votación sólo crearía más depresión y suicidio entre su gente; quería recordar esta tragedia a todas las personas asistentes. Entonces tembló convulsivamente de la cabeza a los pies. Finalmente, retomando el aliento, imploró, "Trabajemos juntas". Fue como si el Gran Espíritu hubiera hablado a través de ella.

Ella podía haber estado "fuera de lugar" según Robert el Justo, pero según Capricho, dio justo en el clavo: sus emociones marginadas rompieron las barreras que separaban a la gente aborigen de la gente del gobierno. Se creó un sentimiento profundo de comunidad entre gente diversa, como mínimo en aquel momento y en aquel lugar. Decidimos trabajar juntas en vez de unas contra otras, y pudimos proceder de forma lineal a crear nuevas direcciones, en las que coincidimos y desde las que pudimos prosperar colectivamente.

Lo interesante de esta historia es que los procedimientos democráticos como las *Reglas de orden de Robert* funcionan bien solamente si vienen *precedidas* por la conciencia de las experiencias internas más profundas de cada una de las personas que conforman un grupo. La democracia como forma externa tiene un gran valor, pero sin atención a los estados internos, puede propagar inconscientemente el abuso y el menosprecio, al favorecer el poder por encima de la gente. Una democracia más profunda requiere educarnos a nosotras mismas con el fin de ser capaces de percibir todo lo que nos pasa internamente cuando nos relacionamos con el mundo externo, poniendo conciencia en cada momento a los sentimientos, los sueños y el poder social.

Formación práctica en Foros Abiertos: ¿Liderazgo o conciencia?

Al comienzo de este capítulo cité a Gandhi: "No podemos desmantelar un sistema sin tener otro para sustituirlo". Para afianzar la democracia profunda necesitamos práctica y entrenamiento. Con el fin de crear el nuevo sistema voy a suponer que tú, el lector,

> **quieres facilitar relaciones entre personas de todas las razas, edades y situaciones económicas que tienen distintos puntos de vista**

> **tienes interés en entrenar tu conciencia con el fin de resolver tensiones dentro de ti mismo, entre tus amistades, familia, organizaciones empresariales, grupos informales y en espacios políticos internacionales**

La formación va dirigida a abordar tus posibles miedos. Es normal que tengas dudas sobre cómo crear y facilitar grupos o crear Foros Abiertos. De todas maneras, si constantemente sientes miedo de los grupos, quizá seas demasiado ambicioso y quieras salvar a todo el mundo, o pienses que debes saber gestionar todas las situaciones a las que te enfrentas.

En este caso, te puede ser útil recordar que si quieres conseguir demasiado, deberás confiar exclusivamente en tu propio poder, y esta dependencia te agotará y te generará inseguridades. El cambio es inherente a las personas y a la naturaleza, por tanto no necesitamos líderes que cambien el mundo con su poder personal. Nuestras comunidades, sin embargo, necesitan nuestra conciencia, no nuestro poder, para percibir y acompañar estos cambios.

Nuestro mundo necesita que seamos conscientes de los roles, temas y sentimientos que experimentamos. La inseguridad aparece cuando nos presionamos para tener éxito. Deja que la naturaleza te ayude en el trabajo. No necesitamos más líderes convencionales, sino que buscamos facilitadoras sensibles con conciencia momento-a-momento.

Con el fin de prepararte para que puedas facilitar Foros Abiertos, voy a utilizar investigaciones recientes sobre la naturaleza de los procesos de pequeños y grandes grupos que contemplan el diálogo emocional, los aspectos sutiles del poder y la gestión de los conflictos. Estas variables se han estudiado tanto en situaciones monolingües como multiétnicas, multinacionales, en espacios públicos o de organizaciones concretas y con respecto a un abanico de temas que van desde las finanzas hasta la guerra. Voy a hablar de mi experiencia sobre el terreno en la formación de individuos y pequeños grupos, para trabajar en Foros Abiertos de hasta varios miles de personas.

Personalmente espero que más gente quiera aprender a conducir Foros Abiertos, y no solamente en sus organizaciones y ciudades, sino también en sus propias familias. Los Foros Abiertos pueden contribuir a mejorar la situación de tu pequeño mundo y del mundo en general. Ésta es una manera de poner "tu granito de arena". Es una manera de llegar a ser élder y descubrir el elderazgo en tus propias comunidades. Si tienes una pizca de élder dentro de ti, es decir, si has aprendido algo de los golpes duros de tu vida, si has adquirido sabiduría y desapego sobre lo que es ser un ser humano, entonces el Foro Abierto es un buen sitio donde compartir tu conciencia y tus dones para ayudar a otra gente. No sólo los gobiernos dirigen nuestro mundo, también lo hacen la esperanza y los sueños de élders como tú, gente que se ofrece para ayudar a desarrollar la conciencia de los cambios mundiales y de los "derechos inalienables".

Pregunta a tu yo más profundo si le interesa ayudar y, en caso de que así sea, ¡empecemos! Identifica el principal tema de debate en tu escuela, empresa, grupo o ciudad. Después invita a gente de esa comunidad, con distintas opiniones sobre el tema, a hablar en un Foro Abierto organizado por ti. Los métodos y procedimientos detallados en este libro te ayudarán. Si quieres más información sobre métodos de trabajo de procesos para ayudar a organizaciones a solucionar problemas aparentemente intratables, consulta mi *Year One* ("Año uno") para tener una visión general del trabajo de conflictos. En *Leader as a martial artist* ("Liderazgo como arte marcial") encontrarás las bases de los métodos, y *Sentados en el fuego* está centrado en el trabajo de temas altamente emocionales como la guerra, las razas o el género en grupos grandes. En el epílogo puedes encontrar un resumen de los métodos.

Qué esperar en los próximos capítulos

La Parte 1 analiza cómo prepararte para una reunión abierta; cómo empezar, conducir y finalizar un Foro Abierto; y cómo generar otros nuevos. La Parte 2 analiza cómo fomentar tus habilidades de desarrollo personal y de conciencia de grupo.

PARTE I. CONDUCIENDO UN FORO ABIERTO

El Capítulo 2, "El Foro Abierto como trabajo exterior e interior", explora la historia y el significado de las asambleas ciudadanas y cómo éstas pueden sanar problemas organizacionales y globales.

En el Capítulo 3, "El Foro Abierto como trabajo de grupo", expongo cómo anunciar los foros y conseguir que asista gente; a quién invitar; y el procedimiento para prepararte a ti mismo a nivel interno como facilitador.

En los capítulos 4 y 5, "El trabajo de conciencia en la facilitación" y "Conciencia durante el ataque" respectivamente, estudio los procedimientos y herramientas referentes a la conciencia y la manera de lidiar con los ataques.

El Capítulo 6, "Terminando con por qué empezaste", explica cómo completar un primer Foro Abierto y preparar al grupo para el siguiente paso. Si tu grupo decide tener foros de forma continuada, y espero que así sea, este capítulo te da pistas sobre cómo liderar este proceso.

PARTE II. UNA SEGUNDA REVOLUCIÓN

En la primera parte, habrás aprendido los métodos básicos para preparar, conducir y cerrar un Foro Abierto. Habrás aprendido algunas cosas sobre la conciencia, suficientemente generales como para permitirte llevar a cabo tu primer foro. De todas maneras, a medida que te vayas relajando en tu rol de facilitador, va a incrementar tu habilidad para darte cuenta de lo que está pasando. La segunda parte hace referencia a un estado más avanzado de conciencia y muestra cómo esta conciencia en sí misma es una *segunda* revolución. (Las primeras revoluciones se basan en una distribución equitativa de bienes y privilegios como pueden ser el derecho al voto, la propiedad, etc.).

El Capítulo 7, "El activista psicosocial", analiza roles típicos, patrones de interacción, y otros aspectos que probablemente vas a encontrarte en cualquier encuentro, en cualquier parte del mundo. De forma más concreta, analizo Foros Abiertos que he facilitado en Asia, Australia, Europa, América del Sur y los Estados Unidos. En este capítulo describo algunas escenas drásticas de aprendizaje.

En el Capítulo 8, "El trasfondo del Soñar hacia la comunidad", exploro distintas maneras de tratar la desesperanza global ante el cambio mundial, y describo cómo lidiar con momentos extremos y cercanos a la violencia en los Foros Abiertos.

El Capítulo 9, "Los medios de comunicación como sueño del despertar", se ocupa de cómo crear y utilizar los medios de comunicación, que a menudo son más una molestia que una ayuda, en beneficio de tu comunidad.

El capítulo 10, "La vacuna de la gripe contra la guerra", habla de lo que conduce a los individuos y grupos a la violencia y cómo tratar con estos estados de conciencia extremos para el beneficio de todas. Tratar de resolver el problema de la guerra no es una tarea fácil, pero doy lo mejor de mi mismo en este capítulo.

En el capítulo 11, "El Foro Abierto como monasterio del élder", discuto cómo tu desarrollo como facilitador está conectado con tu desarrollo espiritual.

El epílogo, "Claves hacia los Foros Abiertos", resume métodos y observaciones que puedes utilizar en tu próximo encuentro grupal, ya sea pequeño o grande.

Para mediar conflictos, tenemos que recordar que todo cambia, el mundo es una danza, y necesitamos descubrir los pasos que quieren ocurrir. Las reglas de orden democráticas, y sus resultantes procedimientos organizacionales y legales, no son suficientes. Necesitamos también conciencia momento-a-momento.

Cosas a recordar

1. **La democracia sin conciencia puede ser una tiranía. Sin conciencia la democracia añade, pero no resuelve, problemas globales.**

2. Los procedimientos típicamente democráticos, como las *Reglas de orden de Robert*, favorecen la eficacia y reprimen los sentimientos.

3. La democracia profunda es un nuevo procedimiento de conciencia que respeta la diversidad de individuos y percibe los estados cambiantes de la conciencia.

CAPÍTULO 2

El Foro Abierto como trabajo exterior e interior

El Foro Abierto es un marco idóneo para que una comunidad llegue a conocer la gran diversidad de ideas y sentimientos de sus participantes. Los foros son espacios públicos que acogen discusiones abiertas sobre problemas comunitarios. Los Foros Abiertos pueden tener lugar en ayuntamientos, en la televisión y en la radio de tu sala de estar, en grupos de correo electrónico, o en los periódicos. Cualquier grupo puede transformar un Foro Abierto en un rito asombroso. Después tu escuela, tu empresa, o tus conciudadanas pueden sentirse orgullosas de haber aprendido cómo crear comunidad.

Tomemos el ejemplo de los pueblos aborígenes que, para celebrar el comienzo y la finalización de ritos, preparan banquetes en los que la gente habla entre ella, como en los Foros Abiertos. Compartir comida, hacer una fiesta y celebrar los logros y la diversidad del grupo puede enriquecer los Foros Abiertos de cualquier lugar del mundo, especialmente en ciudades donde la gente no se conoce.

Los Foros Abiertos pueden ser espacios mágicos que acogen todos los puntos de vista sobre un problema concreto. Las participantes de los foros ciudadanos acostumbran a ser personas afectadas por los asuntos tratados. Estas personas pueden ser "autoridades" o "expertas" en determinados temas, que vienen con discursos preparados. Por lo general hay demasiadas activistas sociales luchando por su punto de vista particular, demasiada gente discreta que se sienta en silencio en un segundo plano, y demasiados líderes políticos deseando ser escuchados.

DISTINTAS CLASES DE PROCESOS DE FOROS ABIERTOS

La idea del Foro Abierto puede aplicarse en cualquier lugar donde haya gente tratando de trabajar conjuntamente. Lo he visto aplicado a escuelas, grupos militares, iglesias, organizaciones multinacionales, vecindarios y zonas en guerra. Utilizo el término *Foro Abierto* para referirme a un espacio abierto, relativamente informal, en el que parte (o toda) una organización se reúne con el fin de resolver problemas y crear comunidad.

El ritual comunitario al que yo llamo Foro Abierto es un rito ancestral que ha tenido lugar en una forma u otra en la mayoría de los países del mundo. En función de la cultura y la situación, la mayoría de asambleas ciudadanas de hoy en día aspiran a ser lineales, con formatos unidimensionales de discusión. Sin embargo, a pesar de que las discusiones lineales son importantes, no pueden solucionar problemas públicos u organizacionales complejos, puesto que estos dilemas y dificultades siempre conllevan experiencias intensas, emocionales e incluso traumáticas.

La historia de los Foros Abiertos en los Estados Unidos se remonta a las asambleas ciudadanas del siglo dieciocho que se convocaban, en parte, porque los colonos se sentían distanciados de Inglaterra (*Washington Post*, 1999). La necesidad de reducir la sensación de alienación con el gobierno de la "tierra natal" estimuló la creación de encuentros, en los que la gente que participaba experimentaban el toma y daca de los procesos gubernamentales y se empoderaban a sí mismas simplemente hablando y escuchando. Los Foros Abiertos, quizá como todos los movimientos de base, se organizan cuando hay demasiada distancia con "quienes están arriba" y poca distribución del poder.

Los métodos de los pueblos de la Primera Nación se han utilizado a menudo como modelos para estos tipos de encuentros. Los primeros colonos de Estados Unidos, por ejemplo, presenciaron y trataron de reproducir la democracia, el respeto y la dignidad de las reuniones de los consejos tribales nativoamericanos, como las celebradas por los

Iroquois. Más tarde, grupos religiosos protestantes, como los Quakers, ampliaron estos procedimientos, creando sus propios métodos para conducir reuniones.

En su *Long Walk to Freedom* ("El largo camino hacia la libertad"), Nelson Mandela, habla de las asambleas tipo Foro Abierto celebradas por su tribu en Sudáfrica. En su grupo, no se tomaba una decisión antes de que *todas las personas* hubieran hablado.

Alguna gente divagaba y parecía que nunca llegaba a la cuestión central, otra gente iba directamente al grano y sus argumentos eran breves y directos... alguna gente era emocional, otra menos... La democracia significaba que todos los hombres debían ser escuchados y que las decisiones se tomaban conjuntamente, como un pueblo. La regla de la mayoría era una noción extranjera... La minoría no debía ser aplastada por la mayoría. A la gente que no estaba de acuerdo no se le imponía ninguna conclusión. Si no se podía alcanzar un acuerdo, se convocaba otra asamblea.

La población nativa americana también estaba en contra de las votaciones, prefería hablar. También quiero mencionar que las asambleas ciudadanas que se celebraban en la antigua Grecia, en Atenas, desaprobaban la práctica del voto. Debemos reflexionar sobre el significado que dan a la democracia las tradiciones en las que "todos los hombres deben ser escuchados."

LOS ESTADOS DE ÁNIMO TRAS EL FORO ABIERTO

Además de por la distancia con "quienes están arriba" y por la necesidad de redistribuir el poder, el origen y la necesidad de generar Foros Abiertos procede del estado de ánimo de los grupos.

Chismes: Las primeras etapas de los Foros Abiertos tienen lugar cuando las personas comienzan a chismorrear y a encontrarse para discutir problemas no resueltos. También es posible que los foros surjan de manera espontánea durante encuentros informales donde se discuten acontecimientos públicos; más adelante estos encuentros se pueden convertir en reuniones formales en el pueblo, ciudad o en internet. Las charlas informales en los grupos son importantes; nos dicen que está teniendo lugar una especie de sueño; están ocurriendo cosas en el grupo, debajo de la superficie.

Frustración: Otro impulso que puede acabar generando asambleas ciudadanas proviene de la frustración de quienes no tienen poder en la sociedad, y que sienten temor de la gente de esferas superiores. Todo el mundo ha vivido en algún momento esta frustración en sus grupos, empresas, familias y ciudades. Esta frustración se manifiesta de muchas maneras, una de las cuales es, simplemente, no participar en eventos gubernamentales como pueden ser las elecciones. Mucha gente que en los países democráticos no participa en los eventos públicos y no va a votar, boicotea estas actividades porque se siente ignorada por sus líderes.

Desesperanza: En todos los lugares con conflictos en los que he trabajado, la gente no tiene esperanzas de lograr cambios, aunque poca gente lo admite abiertamente. La apatía abunda; se puede sentir claramente en la baja energía o en los repentinos estallidos de rabia en las asambleas ciudadanas, o simplemente caminando por las calles de un determinado vecindario. La desesperanza es una epidemia en las zonas donde la gente tiende a estar deprimida en sus escuelas y en sus trabajos. La desesperanza se manifiesta de muchas maneras, como la enfermedad, el absentismo, el abuso de drogas, la jubilación anticipada o incluso la muerte.

Los Foros Abiertos abordan directamente la desesperanza, proporcionando un espacio a las personas para "decir la suya". De esta manera, la gente se siente escuchada, y no sólo por el resto de participantes de las reuniones, sino también por otras personas de sus ciudades y organizaciones. De hecho, en asambleas ciudadanas grandes, los medios de comunicación sirven de conexión con el resto de la organización o la ciudad. La gente siente que tiene un efecto en el mundo. Los Foros Abiertos pueden transformar la desesperanza en todo lo contrario; entusiasmo por ser escuchados y marcar una diferencia. Los Foros son una manera potente de que la gente ejerza su influencia en el cambio social, que se está desarrollando constantemente. ¡Los movimientos de base han iniciado algunas de las mayores transformaciones de las sociedades! Recuerda cómo los movimientos por la paz de los años 60 en Estados Unidos ayudaron a detener la guerra de Vietnam. Recuerda la historia. Recuerda el trabajo hecho por la no-violencia. Recuerda el movimiento de sentadas estudiantiles y el boicot que derribó el sistema de segregación en Nashville, Tennesse; la campaña de Gandhi en la India contra el dominio británico; las campañas de boicot de las consumidoras en contra del apartheid en Sudáfrica; la valerosa resistencia de la ciudadanía danesa a la invasión nazi; las ocupaciones de fábricas y huelgas de Solidaridad en Polonia, que consiguieron el derecho de constituir sindicatos autónomos; y los movimientos chilenos que desafiaron y finalmente derrocaron la dictadura del General Augusto Pinochet.

El deseo de comunidad: El origen de muchos foros radica en la visión de sus propias participantes, quienes son capaces de ver el potencial que tiene su organización para llegar a ser algo más parecido a una comunidad, implicando, además de a toda su gente, a todo su entorno.

EXPECTATIVAS SUTILES DE LOS FOROS ABIERTOS

En el momento que un Foro Abierto está punto de empezar, tú, como facilitador, debes conocer todas las expectativas de las participantes, tanto las explícitas como las no expresadas. A lo mejor la expectativa principal es que vamos a hacer algo, "nosotras, el pueblo". No es el jefe o el gobierno quien va a hacer algo, sino nosotras, el pueblo. El Foro Abierto es, en cierto sentido, un intento de resolver el problema de la desesperanza, restableciendo o creando un sentimiento de empoderamiento e identidad comunitaria. A continuación menciono dos de las principales expectativas de un Foro Abierto.

Primera, más comunidad, menos miedo y violencia: Debido a que las situaciones traumáticas y dolorosas son a menudo el incentivo para organizar Foros Abiertos, una expectativa inconsciente o subyacente al organizarlos es conseguir que haya menos violencia y chismorreo, y por tanto más sentimiento de comunidad. Los Foros Abiertos nos pueden mostrar cómo dejar de abusar de nuestro entorno y de los demás, al modelar la conciencia de las interacciones momento-a-momento en un nivel de persona-a-persona.

Sin embargo, quienes lideran no acostumbran a tener la formación necesaria para usar este tipo de conciencia. En un debate entre dos partes, por ejemplo, las participantes inevitablemente aplauden a una de estas dos partes y critican o se ríen de la otra. El facilitador sabio puede hacer consciente a la gente de lo que está sucediendo señalando la humillación que podría estar sintiendo alguna de las dos partes. Así pues, los foros reducen la violencia al hacer visibles las semillas de la violencia que se generan en las interacciones sutiles. La violencia solamente estalla en los casos en que la humillación se "disimula" o se margina, o en los que la rabia no se escucha. Los grupos grandes (ciudades, pueblos y organizaciones) y pequeños (familias) que procesan los momentos conflictivos minimizan la violencia.

Segunda, educación en comunicación: Las facilitadoras sabias y despiertas son capaces de mostrar al público cómo la comunicación puede herir o ayudar de manera inconsciente. Los Foros Abiertos enseñan y modelan la apertura a la diversidad que hay en la población, creando la base para la conciencia comunitaria.

Los órganos rectores de las organizaciones que crean políticas entorno a temas "álgidos" como la economía, el sexismo, la homofobia y el racismo no tienen manera de comprobar lo que estas políticas *significan* para la gente que se encuentra inmersa en interacciones persona-a-persona con otros individuos. Pongamos por ejemplo que hay una norma que dice que se debe respetar a todo el mundo y hay otra contra la discriminación de la gente mayor. Si en cierto caso la gente mayor ignora las apasionadas palabras de un adolescente, las normas sobre el "respeto" pierden el sentido. El facilitador debe puntualizar que esta discriminación por edad (que favorece una franja de edad del grupo por encima de la otra) es un proceso momento-a-momento a la vez que un problema social. En otras palabras, el trabajo de concienciación que puedes mostrar a través de un Foro Abierto ayuda a hacer realidad los conceptos democráticos que los gobiernos no tienen capacidad de aplicar.

DISTINTAS CLASES DE ENCUENTROS PÚBLICOS

Existen muchos estilos distintos y métodos interesantes de gestión de grupos. La mayoría de la gente ha oído hablar de terapias de grupo en las que interactúa una docena de personas, buscando el cambio personal y/o el desarrollo del grupo. Los grupos de teatro como el *Play Back Theater*, del Dr. John L. Johnsons de Washington, D.C., recrean escenas personales y sociales con el objetivo de que el público pueda revivir y comprender mejor situaciones de sus propias vidas, grupos y organizaciones. Los grupos de gestión de conflictos se reúnen para negociar soluciones a las tensiones entre varias partes. El objetivo acostumbra a ser llegar a un acuerdo pacífico sobre una cuestión concreta, intentando que las dos partes sientan que algunas de sus necesidades han sido cubiertas.

El trabajo de grupo orientado a procesos es también trabajo global o mundial, y un Foro Abierto forma parte del espectro del trabajo de mundo. *Worldwork* es el término genérico para los métodos basados en la democracia profunda que se utilizan en la creación de comunidades y en la resolución de conflictos, tanto para grupos pequeños como para grupos grandes (de hasta mil personas). El worldwork se ha creado tanto para lidiar con comunidades que se encuentran en equilibrio como para aquellas que se encuentran inmersas en estados extremadamente caóticos de transformación. En un lado del espectro del worldwork están los procedimientos de negociación y las reuniones de negocios, donde el foco está en encontrar soluciones inmediatas a los problemas. En el otro lado del espectro están las interacciones de grandes grupos en las que se procesan temas emocionales, a veces traumáticos, y muy arraigados. El objetivo en estos casos no es una resolución inmediata sino descubrir y explorar esos temas.

Los Foros Abiertos orientados a procesos están a medio camino entre las reuniones de negocios y las reuniones grandes, abiertas y emocionales. El Foro Abierto es más intenso que las reuniones de negocios habituales, y más lineal que los procesos de grupo de worldwork. La gente con una educación más convencional aborda a menudo los temas emocionales con una especie de actitud "clasista": "¿Por qué la gente es tan emocional e irracional?" El worldwork comprende las actitudes clasistas (o elitistas), pero también acepta el sustrato emocional básico de la naturaleza humana que a veces nos pone tristes, furiosas o emocionales. Anular este sustrato puede resultar racista y margina la pasión que alimenta lo que queremos y lo que no queremos.

Los Foros Abiertos normalmente son breves, durando unas dos horas. El formato de worldwork para grupos grandes, en cambio, anima a toda la comunidad a encontrarse durante, varios días seguidos (entre tres a seis horas cada día), con el fin de reducir tensiones y generar una mayor conciencia sobre los estilos de comunicación. Obviamente, el formato para guiar un worldwork en un grupo grande depende de la situación concreta; la esencia de los temas emocionales puede ser abordada directamente o, dependiendo del contexto cultural, mediante una aproximación cautelosa que anime a la gente a crear soluciones ideales para los problemas tratados.

Un ejemplo de Dublín

A veces el trabajo en los Foros Abiertos está conectado con el estilo de trabajo comunitario de worldwork que se da en encuentros de grupos grandes. Hace algunos años, mi compañera Amy y yo, fuimos invitados por personas relacionadas con el gobierno de la ciudad de Belfast para guiar un Foro Abierto y una formación de worldwork, en una tentativa de reducir el número de atentados que se producen anualmente, cada vez que distintos grupos celebran su historia** Como las vidas de las organizadoras del encuentro en Belfast estaban en peligro, en el último minuto se cambió la localización del worldwork a Dublín, y el evento pasó a ser organizado por trabajadoras de procesos de esa ciudad.

Imagínate la escena. Varios cientos de personas se reunieron en el centro de Dublín. Políticos y gente común de Irlanda del Norte y de la República de Irlanda acudieron al Teatro Samuel Beckett, durante los días en que se votaba aceptar o rechazar el "acuerdo de paz". Al comenzar la conferencia se sentía la tensión en el ambiente. Primero invitamos a ponentes de distintos lugares de Irlanda del Norte y de la República de Irlanda a que expusieran durante cinco minutos sus distintos puntos de vista acerca de la situación.

Inmediatamente después de las ponencias, se abrió la participación a todo el público. Utilizamos el formato de Foro Abierto, en el cual la gente se sienta en círculos concéntricos. Para empezar invitamos a la gente a que, de forma individual, expresaran sus puntos de vista; en primer lugar a aquella gente del norte que quería separarse de la República de Irlanda, después a las personas del sur que querían que los británicos desaparecieran de Irlanda.

De repente dos hombres, que representaban con vehemencia la oposición entre el sur y el norte, se levantaron y empezaron a gritarse desde extremos opuestos del círculo. (Para proteger a la gente involucrada, hablo del conflicto simplemente en términos de sur y norte. Mi interés principal no es examinar los detalles específicos del conflicto, sus características históricas y culturales, sino explorar en

---

* Comento otros aspectos de este ejemplo en *Dreaming While Awake* ("Soñando mientras despiertas"), p.194-195).

general la naturaleza humana de los *procesos* que tienen lugar durante los conflictos. En este ejemplo me enfoco en el grupo irlandés; sin embargo, conflictos parecidos con las mismas estructuras ocurren por todas partes y son independientes de la nacionalidad.) Al poco tiempo, todo el público estaba de pie, mientras los dos hombres se acercaban al centro del círculo grande. Se quedaron cara a cara, bloqueados en el diálogo más antagónico. La situación se volvió dramática, dolorosa, e incluso aterradora cuando todo el grupo también se levantó para posicionarse en uno de los bandos, expresando su apoyo por uno de los hombres.

Recuerdo que en un momento, mientras estas dos personas valientes se estaban gritando, Amy o yo, usando los micrófonos para ser escuchados, gritamos, "¡Por favor, tened cuidado!" El hombre del sur reaccionó. Se giró para mirarnos y nos preguntó, "¿Estáis locos? ¡Llevó veinticinco años sin hablar con alguien del norte! ¡No me voy a calmar ahora!"

Entendimos la situación y nos retiramos. Las emociones de ambos lados escalaban a medida que los oponentes en el centro hablaban de muertes y sucesos traumáticos en los que sus oponentes habían bombardeado o disparado a miembros de sus grupos o sus familias. Toda la gente de la sala empezó a hablar a la vez.

En algún momento recordé utilizar mi conciencia y buscar señales corporales. Por encima del estruendo, me llamó la atención que el cuello de uno de los hombres estaba extremadamente rojo. Grité, "Tienes el cuello rojo". Para mi sorpresa, se calmó por un momento, se volvió hacia mí y, en medio de un silencio repentino en la sala, me dijo "¡Claro que está rojo! Tengo hipertensión arterial, y mi médico me advirtió que me mantuviera lejos este evento". Casi antes de que acabara su frase, el hombre del otro lado exclamó, "¿Y qué? No eres el único que sufre. ¡Yo tuve tres ataques de corazón este último mes, y mi médico me dijo que no viniera hoy aquí!"

Todo el auditorio se mantuvo en silencio mientras los dos hombres se miraban fijamente. Casi no puedo describir la sorpresa y el asombro que sentí en el momento en que el hombre del sur, con el cuello rojo, se acercó al hombre del norte y, lenta y suavemente, le pasó el brazo por encima del hombro. Allí estaban ellos, dos hombres, juntos en el centro del círculo, con sus cabezas agachadas hacia el suelo.

Estos dos hombres modelaron un acercamiento que era inimaginable en aquellas circunstancias. Todo el auditorio permaneció en silencio, después se reanudó el trabajo, ahora de forma pacífica, para encontrar una manera de vivir juntas. Los dos hombres se sentaron uno cerca del otro fuera del círculo. La tarde siguiente, la gente de Irlanda votó a favor del acuerdo de paz.

Realmente no entiendo porqué salió tan bien aquel evento; seguramente fue por el momento histórico, y por el coraje y la sabiduría de aquellos dos hombres en el auditorio. ¿Fue ese proceso de grupo el presagio de los acontecimientos posteriores? Sea como sea, la conciencia de las señales corporales parece que desempeñó un papel crucial en lo que sucedió.

Si Amy o yo hubiéramos sido capaces de estar realmente despiertas y plenamente conscientes, hubiésemos oído las referencias a los fantasmas de la muerte en las primeras descripciones furiosas de la situación. Después de todo, ya habían contado historias terribles acerca de amigos y familiares que habían muerto en actos violentos de venganza por parte del otro bando. Oír hablar sobre la gente fallecida podría haberme impulsado a introducir antes el tema de la muerte. Aunque olvidé mencionar a los muertos mientras se gritaban, sí vi la muerte cuando apareció en las señales corporales del cuello del hombre. La conciencia hizo emerger el "sueño", la base común, los problemas físicos que indicaban la cercanía de la muerte.

Me viene a la mente una de las imágenes favoritas de la gente de Haida, que vive en islas de la Reina Carlota: En cierto modo, los seres humanos somos como árboles separados, creciendo orgullosos encima de la tierra mientras nuestras raíces se entrelazan indistinguibles por debajo de la tierra.

Hablaré más de las habilidades y los métodos de toma de conciencia en los próximos capítulos. Aquí simplemente quiero recordarte que el worldwork orientado a procesos en realidad forma parte de un continuo con al menos tres formatos: negociaciones de estilo empresarial, trabajo en Foros Abiertos, y trabajo emocional de grupos grandes. Estos formatos se solapan y pueden combinarse, tal y como ocurrió en el grupo de Dublín, donde un encuentro de Foro Abierto dio lugar a una interacción dentro de un grupo grande.

El espectro del worldwork

Poca o ninguna atención a los sentimientos:
> Reuniones de negocios, procesos lineales que utilizan normas y procedimientos conocidos.

Conciencia de las emociones:
> Los procesos semilineales de los Foros Abiertos, el tema central de este libro. Estos pueden utilizarse en cualquier momento.

Transformación emocional fuerte:
> Procesos no lineales en grandes grupos que se pueden utilizar durante la creación de comunidades o en periodos de crisis extremas.

Foro Abierto y/o trabajo en grandes grupos:

La combinación de Foros Abiertos y trabajo en grandes grupos acostumbra a funcionar bien en situaciones de mucha tensión, grandes disturbios o en zonas de guerra. Como ya he comentado, mientras que los formatos para trabajar en grandes grupos acostumbran a ser intensos y emocionales y duran normalmente entre tres horas y siete días, los Foros Abiertos tienden a estar más focalizados y son más lineales. Son más adecuados para organizaciones empresariales y encuentros ciudadanos abiertos.

En este libro, voy a centrarme básicamente en los Foros Abiertos debido a su extensa aplicación y a su valor *preventivo*: si se usan de manera regular, se podrán evitar muchas (quizá todas) de las situaciones más extremas. El proceso semilineal de un Foro Abierto es progresivo: hay un comienzo, un conflicto y, a menudo, un final o resolución. Por ejemplo, se expone un problema y se examinan los métodos para tratar ese problema. Después, puede emerger un diálogo que permita un intercambio emocional impredecible. Finalmente, a este intercambio le sigue una serie de propuestas obtenidas a partir de la observación de la diversidad del grupo y de las experiencias previas a la tensión actual.

Los procesos de grupo no lineales permiten que las participantes se enfoquen con mayor profundidad en el sustrato emocional de los temas, permitiendo que se desplieguen los sentimientos que van asociados a esos temas. Los procesos de worldwork no lineales requieren más formación, entrenamiento y conocimiento en dinámicas psicológicas de las organizaciones y en estados extremos.

Moviéndote por tus miedos

Independientemente del formato, uno de los principales obstáculos de un facilitador es su propio miedo. Los Foros Abiertos orientados a procesos pueden suponer un gran reto debido a las tensiones existentes. Una comunidad usa el conflicto para descubrir las partes que la constituyen y llegar a conocerse mejor. Por eso, generar un espacio seguro donde la gente se sienta libre para expresarse requiere ser capaz de crear un "recinto" en el que las personas puedan explorar el complejo territorio emocional. Pero antes de que toda la gente se sienta segura y respetada, aflorarán inevitablemente temas sumergidos.

A pesar de que quieras gestionar un Foro Abierto, estos temas sumergidos te pueden hacer sentir incómodo. El facilitador principiante a menudo tiene miedo de los conflictos, teme ser atacado, y se encoge ante la idea de ser avergonzado públicamente. ¡Incluso las facilitadoras con más experiencia querrían salir corriendo cuando aparece un conflicto! Los conflictos pueden dar miedo.

Algunos consejos pueden ayudarte en caso de que quieras guiar un Foro Abierto pero no te sientas lo suficientemente seguro para hacerlo. La primera sugerencia es darte cuenta de que el miedo es parte del trabajo global de tomar conciencia. Si estás asustado, considera la posibilidad de que tu miedo sea parte de la solución. Si eres consciente de tu miedo y lo llevas al grupo como un rol que las demás personas también pueden sentir, además del miedo *se desvelarán* los poderes que aterrorizan a la gente. De este modo, tu miedo puede llevar al grupo a que se respeten más esos poderes y se cuiden mejor unas a otras.

De hecho, tu miedo (o coraje) podría ser justo lo que tu organización está rechazando reconocer. La organización te necesita a *ti* para liderar Foros Abiertos, sin que cambies tu forma de ser. No tienes que aparentar ser más valiente de lo que eres en realidad. Tu propia personalidad será una de las claves del trabajo de conflictos.

Cuánto más presionas a un grupo, más se parece a un barco de vela impulsado por personas remando. Si usas tu conciencia, la vela aprovechará el viento y la naturaleza lo llevará sin esfuerzo. Relájate, el viento nos llevará a todas adonde tengamos que ir. Síguete a ti mismo, pero intenta no olvidar seguir también a la naturaleza. Resumiendo:

Si te da miedo	Considera que
El conflicto	Puedes estar sintiendo el rol del miedo que las demás personas también tienen
No tener coraje suficiente o no ser capaz de arreglar la situación	No necesitas poder, sino conciencia, para percibir y seguir los cambios inherentes a todas las formas de vida

¿Cuáles son tus objetivos al facilitar un Foro Abierto?

Antes de comenzar un Foro Abierto, debes tener claros tus propios objetivos. Uno de mis colegas, John Johnson, propuso formar un "comité de aclaración" (término Quaker) que ayudara a clarificar lo que hacemos cuando nos embarcamos en esta actividad. ¿Qué estás buscando?

¿Buscas paz y harmonía?

¿Quieres ser más conocido?

¿Quieres cambiar o salvar a alguien?

¿Eres un activista social y deseas cambiar a una parte de la comunidad?

¿Deseas ayudar a la gente?

Identifica tus objetivos claramente, después analiza en que grado tus objetivos confluyen con los de la comunidad en su conjunto. ¿Quién comparte tus objetivos y quién no? ¿Hasta que punto coinciden o difieren tus objetivos de los de la gente que viene al foro? Si no eres consciente de la posible parcialidad de tus objetivos, te vas a quedar desconcertado más adelante al descubrir que algunas personas (del otro bando) de la comunidad te rechazan. Sin saberlo, tú los has rechazado antes.

Por ejemplo, una facilitadora me contó que su objetivo, cuando gestionaba una disputa entre dos grandes empresas, era ser más conocida como mediadora. ¡Los miembros de esos grupos la despidieron en el acto ya que sentían que ella les presionaba, en lugar de seguir sus señales! Esta facilitadora se sintió rechazada sin darse cuenta de que sus objetivos rechazaban las necesidades de la gente de la empresa.

Ser rechazados no es bueno ni malo; es simplemente una señal de que no estabas trabajando para toda la comunidad, sólo trabajabas para algunas partes. Esta parcialidad es inevitable, ya que tú (y tu equipo) eres un individuo (o un grupo pequeño). No puedes tener los mismos sentimientos que tiene cada una de las personas del grupo. Por otro lado, si no tienes clara tu propia parcialidad, ésta reproducirá el conflicto. Si eres consciente de la naturaleza parcial de tus objetivos, puedes usarlos a tu favor durante el foro.

Por ejemplo, puedes apoyar a la parte de la comunidad que comparte tus mismos objetivos y gestionar un diálogo con los miembros del "otro" bando, que tienen opiniones distintas. Si no tienes claros tus objetivos, puedes empezar a pensar que la comunidad aún no está preparada para tu manera de pensar, o que alguna gente es simplemente inconsciente o "mala".

Conoce al grupo; conoce sus creencias, sus problemas, sus estilos. ¿Hablan todas a la vez o permanecen en silencio? ¿Cuál es su estilo, su jerga? ¿Cuánta gente hay? ¿De cuánto tiempo dispones? ¿Tu trabajo es puntual o tiene continuidad? Descubre que métodos usan actualmente para guiar sus asambleas y así poder incorporar tu método dentro del suyo, para colaborar sin ofender sus procedimientos actuales.

¿Quién te ha contratado o te respalda?

Si formas parte de la comunidad con la que vas a trabajar y, por así decirlo, te has contratado a ti mismo, clarificar tus objetivos es especialmente importante. Si has sido contratado por gente de otra organización, debes conocer los objetivos que esperan que cumplas. Pero en cualquier caso, recuerda, que la mejor manera de cumplir los objetivos de cualquier persona es cumplir los objetivos de *todas*. Eres como un médico que tiene que atender un cuerpo. Si el hígado pide ayuda, debes centrarte en el hígado. Pero en última instancia la vida del hígado depende de la salud del corazón, los riñones y el resto de órganos.

Preparación para el trabajo interior

Habiendo clarificado tus propios objetivos para el foro y los de quien te ha contratado, el siguiente paso en la preparación de un Foro Abierto consiste en saber que tú mismo también eres un Foro Abierto. ¿Qué partes de ti mismo van a tener que entrar en acción en este foro? ¿Cómo pueden estas partes entrar en conflicto con otras partes de ti mismo? Para sentirte centrado y ser capaz de utilizar tu conciencia necesitas hacer algún tipo de trabajo interior. De hecho, tu interés en un Foro Abierto muestra que estás considerando a las personas como figuras externas a ti mismo y no como partes internas de tu propio ser.

Independientemente de que te gusten unas personas y tengas miedo de otras, ¡todas forman parte de ti! (Si no me crees, observa simplemente tus sueños esta noche o espera a ver mañana cómo tus amigos te acusan a ti de las mismas cosas que tu criticabas de "otras personas".) En otras palabras, cuando gestionas un Foro Abierto te estás ayudando a ti mismo tanto como estás ayudando a la organización. En un sentido al menos, no hay nadie a quién ayudar aparte de a ti mismo. Para entender la diversidad de una organización, tienes que entender tu propia diversidad interior. Los cambios externos ocurren con mayor rapidez cuando son modelados por aquellas personas que son ellas mismas democracias vivientes. Cuanto más conozcas y te abras a tus conflictos internos, más va a aceptar la gente que la ayudes.

La mejor idea que conozco para clarificar tu mente y prepararte para un Foro Abierto es considerar que el Foro Abierto que quieres facilitar está íntegramente dentro de ti. Tómate un tiempo y prueba las sugerencias siguientes para tu trabajo interior. Si alguna de las sugerencias no te convence, deja que tu mente la modifique para que encaje contigo. Si trabajas en equipo, una persona puede preguntar a otra las preguntas siguientes.

1. Imagínate el próximo Foro Abierto. Si no te estás preparando para ninguno en este momento, imagínate uno, piensa en algún tema importante para ti que te gustaría procesar en un Foro Abierto. ¿Qué es lo primero que te viene a la mente?

2. Imagínate a dos personas que salen a hablar sobre el tema en cuestión. Pónles un nombre; Sra. Tú y Sr. Otro. Imagínate ahora el Foro Abierto y a estas dos participantes. Pongamos que cada una habla durante un minuto. Escucha atentamente lo que tengan que decir. Deja que cada una hable en profundidad sobre

su punto de vista. (Toma notas.) Deja que cada una hable sobre aquello que es esencial para él o ella. ¿Cuáles son las cuestiones fundamentales que cada lado está tratando de expresar?

Sra Tú:_____

Sr. Otro:_____

3. Ahora pregúntate a ti mismo: "¿De qué manera cada uno de los dos bandos representa aspectos de mi propia forma de pensar, de mi comportamiento, y de mis sentimientos más profundos? ¿De qué bando o punto de vista quiero ser más consciente en el futuro? ¿Cómo puedo estar abierto, y comprender, a esta parte de mí mismo?" ¿Refleja este Foro Abierto imaginario algunos conflictos internos en los que has estado pensando últimamente? Los Foros Abiertos pueden ser un método muy eficaz para descubrir lo que ocurre en tu interior.

4. Pregúntate también cómo este Foro Abierto imaginario refleja temas de tus relaciones sobre los que has estado pensando. ¿De que bando te has estado poniendo dentro de ti mismo, y en que grado ha contribuido tu parcialidad en la creación de problemas? ¿Qué te gustaría cambiar de tu vida ahora mismo como resultado de este trabajo interior? ¿Y en la próxima semana?

El objetivo de este ejercicio es tener claridad dentro de ti mismo sobre quién eres, y cómo tú eres el mundo. Si estás abierto a ti mismo te sentirás mejor y también estarás más abierto a las demás. Con una base *interna* más sólida, ahora podemos comenzar a poner los fundamentos y prepararnos para el evento externo, el Foro Abierto.

COSAS A RECORDAR

1. **Si te esfuerzas por hacer demasiado, puede que estés confiando más en el poder que en la conciencia. La inseguridad aparece cuando intentas hacer algo sin *sentirte* inspirado. No necesitamos que seas un líder del cambio mundial. El cambio es inherente a las personas y a la naturaleza. Necesitas la conciencia, no el poder, para percibir y seguir los cambios.**

2. Si estás asustado, utiliza tu miedo como un rol en el proceso. Tu rol de miedo puede llevar a que las personas se cuiden más unas a otras y haya más respeto. De hecho, tu miedo (o coraje) puede ser justo lo que tu organización está rechazando o marginando. Las organizaciones necesitan que *tú, con todos tus miedos*, lideres Foros Abiertos sin cambiar tu forma de ser. No tienes que pretender ser más valiente de lo que eres. Tu propia personalidad es clave para el trabajo de conflictos.

3. Uno de los objetivos de un Foro Abierto es alcanzar una sensación vívida de poder no gubernamental de "Nosotras, el pueblo". Los Foros Abiertos son, en parte, un intento de solucionar el problema de la desesperanza.

4. Los Foros Abiertos aportan esperanza individual al crear la posibilidad de tener un impacto directo en los medios de comunicación y en los poderes que nos gobiernan. ¡Debemos recordar que los movimientos de base han iniciado muchos cambios políticos en el mundo!

5. Los Foros Abiertos nos enseñan cómo frenar los abusos que se dan en un momento dado a nivel de interacción persona-a-persona, cosa que el gobierno no puede hacer. El gobierno no sabe cómo hacerlo. El gobierno sólo sabe hacer leyes. Y las normas no pueden hacer que la gente sea consciente de sus actos y sus consecuencias.

6. Clarifica tus propios objetivos. ¿Quieres la paz en el mundo? ¿Deseas ser más conocido como facilitador? ¿Tienes la visión o los objetivos de un activista social, y quieres cambiar una parte de la comunidad? Clarifica tus objetivos y después analiza cómo se relacionan con los objetivos de la comunidad, considerada en su totalidad. ¿Quién comparte tus objetivos y quién no? ¿Hasta que punto coinciden o difieren tus objetivos de los de la gente que ha venido a participar en el Foro Abierto? Si no tienes clara la posible parcialidad de tus objetivos, tu comunidad puede convertirse en tu oponente.

7. Facilita un Foro Abierto imaginario como si todas las participantes y sus distintas perspectivas representasen

aspectos de ti mismo, para generar así una base sólida de conciencia interna, y conocer con claridad los contenidos de tu propia mente.

CAPÍTULO 3

El Foro Abierto como trabajo de grupo

Una vez clarificados tus propios objetivos, llegó el momento de profundizar en tu preparación. Tu cultura, procedencia étnica, género, edad, formación, estado de salud y cómo te afecta el tema que se trate, determinarán tu forma de trabajar en un Foro Abierto. Las siguientes indicaciones sobre la preparación hacen referencia exclusivamente a los retos que conlleva el hacer o el facilitar foros públicos.

Para empezar reflexiona sobre tus objetivos globales, tus mayores sueños. Cuál es el resultado más fabuloso que deseas conseguir con tu trabajo; aquel resultado que incluso te da vergüenza admitirte a ti mismo. ¿Cuáles son esos objetivos? Escríbelos. Estos grandes sueños te dan el poder y el coraje necesarios para trabajar para el público. Clarifica tanto como puedas tus deseos. A continuación expongo algunos de mis objetivos.

LA CONCIENCIA DE UNO DE CADA CIEN

Gente del gobierno de Noruega que trabajaban para la paz en Kosovo durante la guerra, contactaron conmigo para preguntarme por qué los comités internacionales de paz no estaban funcionando. Querían saber qué tipo de facilitadoras obtienen los mejores resultados y de forma más rápida. Tuve que pensar mucho. Me di cuenta de que las buenas facilitadoras tienen las habilidades necesarias para gestionar las interacciones momento-a-momento, a la vez que sus objetivos globales y a largo término les permiten sacar el mejor partido a estas habilidades. El objetivo a largo plazo más importante que conozco es *la conciencia de la propia naturaleza de uno mismo*. Después vendría tomar conciencia de la naturaleza de cada comunidad, de sus distintas partes, de sus fantasmas y de sus roles.

Como mínimo, una de las personas que está facilitando un grupo grande debe ser consciente de qué está pasando dentro de sí misma y de su comunidad. Esta persona tiene lo que yo llamo *la conciencia de uno de cada cien*. El efecto que esta persona ejerce sobre un grupo es inconmensurable. Sólo con que una persona de cada cien perciba el sutil trasfondo de lo que está ocurriendo y pueda transmitirlo de una manera comprensible al resto, los grupos se sienten a salvo, la gente se siente respetada, y la reunión funciona. Pero a veces no es fácil encontrar estas *"élders"* que son conscientes de la diversidad y capaces de hablar acerca de los distintos puntos de vista de una manera abierta y desapegada.

Estas élders tienen un objetivo que yo llamo *hoy por ti, mañana por mí*. Esto significa que en todo momento hay como mínimo una persona de cada cien que es capaz de recordar, "Hoy te veo preocupado o pasado de rosca. Estás loco, odias al mundo y matarías a alguien. Pero *mañana* yo puedo estar como tú". Si puedo notar que tú, como facilitador, te has dado cuenta de que estoy preocupado, pero también me transmites que sabes que mañana puedes ser tú quien se sienta herido o furioso, entonces, te voy a escuchar y a respetar cualquiera que sea mi estado anímico.

Si al facilitar sigues el modelo de *hoy por ti, mañana por mí,* la gente sentirá que amas y comprendes los estados de preocupación o violencia en los que se encuentran las participantes de los grupos.

Desarrollar esta actitud es un reto. Debes recordar lo fácil que es irritarse con alguien en un conflicto. Recuerda los momentos en que pensabas que las otras personas deberían cambiar, y que *ellas* tendrían que saber lidiar mejor con sus conflictos. Rememora conflictos que hayas tenido en tu vida y lo mucho que te afectaban, y entenderás que esta gente que creías que no lo estaba gestionando bien, son espejos de partes tuyas que has intentado olvidar.

Cosas a percibir

Vamos a suponer que tú eres una de esas personas de cada cien, que da un paso adelante en su comunidad, iglesia, universidad, negocio o ciudad y dice: "Percibo... tal y tal cosa". ¿Qué es lo que has percibido? Aparte de lo que puedas haber visto con respecto al *contenido* de lo que se ha dicho, también percibes el *proceso*, que está compuesto, en parte, de roles interpretados por personas.

Una persona es más que un rol. Te das cuenta de que una persona es más completa y diversa que el rol temporal que pueda estar tomando en un momento dado. Puedes ver, por poner un ejemplo, que hay un opresor, pero que el opresor es un rol, y que la persona que lo está interpretando es más que ese único rol. Puede haber una víctima sufriendo, pero la persona que sufre tiene también muchas otras partes dentro de sí misma.

Percibes los roles fantasmas (gente o hechos que se nombran pero que no están allí presentes) y los nombras y los representas como haría un actor. Los fantasmas son a las organizaciones lo que las figuras del sueño son a un sueño individual: productos de nuestra imaginación, patrones de conducta cotidiana de los que no somos conscientes. Cada referencia a cosas del pasado o del futuro, o a algo no presente, es un fantasma. En el Foro Abierto de Irlanda, por ejemplo, los fallecidos eran roles fantasma. Podría haber adoptado el rol de la gente muerta o moribunda, y haber dicho "Me han herido y me estoy muriendo, esto me está matando...etc".

Más adelante explicaré con más detalle el trabajo de conciencia del facilitador. Ahora sólo quiero empezar a abrirte el apetito sobre el tema de la conciencia.

Se necesita conciencia, no sólo poder. Como facilitador lúcido puedes tener el poder de hablar abiertamente o no. El poder es menos importante que la conciencia. Si tienes conciencia, no necesitas poder. Sólo necesitas coraje y poder cuando luchas contra algo. La conciencia no lucha; puede percibir la lucha u otras cosas que estén ocurriendo, pero no se identifica con estas cosas ni las juzga. Cuando hay conciencia, se despierta el comportamiento espontáneo de cada persona y emergen procesos impredecibles que resultan ser lo mejor para todo. En el ejemplo del Foro Abierto de Irlanda, mencioné el gesto corporal del hombre con hipertensión arterial, y nombrarlo permitió que las dos partes enfrentadas encontraran un punto en común.

Cuando la conciencia está presente, el proceso mismo es la solución. El caos sólo es un proceso momentáneo en el que todavía no se ha utilizado la conciencia. Cuando la utilizamos, como en el conflicto de Irlanda, el proceso en si mismo es la propia solución.

Si esperas que toda una comunidad o todo el mundo llegue a ser consciente, nunca harás nada. El proyecto es demasiado ambicioso. Además, si todo el mundo estuviera iluminado, sería muy aburrido. Es más divertido si eres consciente durante un minuto de cada cien. Otra persona puede hacer el trabajo en el minuto siguiente.

Las facilitadoras valoran la diversidad. Poner conciencia en la diversidad ayuda a todo el mundo. Al principio de un Foro Abierto, quien facilita puede decir "Veo que ésta es una comunidad diversa; hay gente con esta opinión y gente con esta otra. Me doy cuenta de que hay diferencia de edades, de razas y de niveles económicos entre la gente presente. Y también hay algunas personas, cuya diversidad todavía no hemos descubierto. ¡Todos los foros están llenos de gente, de roles y de sueños asombrosos!

Objetivos comunitarios

Tras haber clarificado tus propios objetivos, debes preguntar a las participantes de la comunidad cuáles son *sus* objetivos. ¿Cómo se descubren los objetivos de una comunidad en un momento de tensión? Tú -y/o los miembros de tu equipo- debéis hablar previamente con personas que representen los distintos bandos de la cuestión que vais a tratar. Esto requiere tiempo y, en algunos casos, trabajo preliminar. Tienes que encontrarte con algunas personas y hablar cara a cara. Pregúntales cuáles son sus objetivos. ¿Tienen interés en sentirse seguras? ¿Buscan tener mayor sensación de comunidad? ¿Cuáles son los temas de diversidad, los temas económicos, los problemas sociales. Aquí tienes algunas claves:

Conoce los hechos. Aprende las historias culturales de la gente implicada. Investiga, si puedes, los relatos que se cuentan del pasado de ese negocio, escuela o comunidad espiritual. ¿Cómo y cuándo se fundó? ¿Cómo era al principio? ¿Cuál es su razón de ser? Estos relatos son como mitos; contienen patrones que pueden seguir siendo vigentes. Si conoces la leyenda o el mito de una comunidad la gente se sentirá más comprendida. Cuando conozcas la historia, cuéntasela a alguien de dentro para verificar su exactitud. Una vez, por ejemplo, construí el mito de un grupo después de escuchar muchos relatos individuales. El mito era algo así: "Como consejeros del rey, somos una poderosa organización que influye sobre innumerables millones de personas. Podemos resolver todos los problemas humanos excepto uno. Uno de los hijos del rey se ha vuelto malvado y nos está matando, uno a uno, con su espada mágica. Es triste decirlo, pero nadie de nosotras es capaz de detenerle. Llamemos a los grandes hechiceros. Con suerte sobrevivirán al encuentro con él, y volverán a instaurar el orden en el consejo y en estas tierras". El relato es crucial, porque es parte del sueño del grupo, del impulso que lo hizo nacer y que lo mantiene vivo hasta hoy. El relato nos da pistas sobre las cosas que hoy en día se echan de menos, y sobre las causas de los problemas actuales. También es importante estudiar el contexto histórico desde distintos puntos de vista: legal, económico, derechos civiles, etc. Si estás trabajando en un tema medioambiental, investiga los recursos naturales de la zona e incluso el trasfondo religioso o mítico. Conoce y respeta las distintas creencias que existen sobre la Tierra y valora las razones económicas que justifican, para alguna gente, utilizar al entorno. Aprende sobre los pueblos nativos y sus historias sobre esa región del mundo.

Analiza los datos demográficos. También debes investigar la demografía; las características estadísticas de la población humana involucrada en el tema del que tratará el Foro Abierto, como el número de personas, sus edades, sus ingresos, género, raza, etcétera. ¿Cuánta gente defiende una postura sobre el tema y cuánta gente defiende la otra?

Estudia el paraguas. El tema sobre el que va a trabajar tu comunidad puede ser el empleo, las finanzas, el racismo, la homofobia, el sexismo, el desequilibrio de poder, la seguridad o cualquier otro. El tema a tratar es como un rótulo (un rótulo crucial) que la gente ha elegido para identificar lo que le preocupa al grupo justo en este momento. Al mismo tiempo, este rótulo es el paraguas que cubre muchos temas íntimamente relacionados con el tema principal que se va a discutir. También tienes que saber algo sobre estos temas complementarios, si no cuando aparezcan pueden desviar la atención del tema principal. Para evitar estas digresiones, puedes decidir ocuparte únicamente del tema principal, y dejar cualquier tema complementario para otro momento u otro Foro Abierto.

Pongamos, por ejemplo, que existe un conflicto entre dos líderes de tu organización. Digamos que el presidente es un hombre y la vicepresidenta una mujer. En este caso el rótulo del tema es "conflicto en la cúspide", y es probable que uno de los temas complementarios bajo el paraguas (conflicto en la cúspide) sea el sexismo. Si las dos personas son de distinta raza, puede que también esté el tema del racismo. Lo políticamente correcto también puede ser un tema complementario. ¿La conciencia de la diferencia entre el tema principal y los temas complementarios inhibe o potencia interacciones más profundas?

La mayoría de procedimientos de resolución de conflictos y procesos de paz se enfocan en el tema del rótulo sin investigarlo suficientemente y sin darse cuenta de que este tema es un paraguas, no una pieza sólida e inamovible. Hay una gran diversidad de temas bajo cualquier paraguas y tu investigación tiene que descubrir estos temas y analizar su relevancia.

Uno de los principios fundamentales de un Foro Abierto, y de todos los procesos de grupo, es que ningún tema puede ser completamente resuelto a menos que todos los temas complementarios hayan sido abordados en algún momento u otro. En un capítulo posterior voy a explicar cómo recordar y enmarcar todos los temas y, al mismo tiempo, cómo enfocarnos sólo en uno cada vez.

Al comienzo de un Foro Abierto, puedes mencionar tu investigación y explicar el paraguas. Por ejemplo, pongamos que tu investigación te ha mostrado que el tema paraguas es "conflicto en la cúspide", pero te has dado cuenta de que hay otros temas por debajo que quizá no tengáis tiempo de tratar (como el sexismo y/o el racismo, puede que la homofobia, o el clasismo o algunos temas económicos). Una vez que has mencionado estos temas complementarios, las personas ya no necesitan entrar en discusiones exaltadas para asegurarse de que sus temas son escuchados.

Saber cómo están relacionados los temas complementarios es muy importante. Por ejemplo, recuerdo un gran grupo de personas reunidas en el Centro de trabajo de procesos de Portland, en Oregón, para discutir sobre los conflictos entre la gente sin hogar y la gente de negocios de nuestro vecindario. Las autoridades de la ciudad, la policía, la gente de negocios y personas sin hogar acudieron para representar su punto de vista. Alguna gente estaba sobria y otra borracha.

Mirando hacia atrás, me doy cuenta de que no estuve suficientemente atento al paraguas de la situación. Sabía mucho sobre las personas sin hogar y sobre los puntos de vista de la gente de negocios y de la policía, pero no estaba preparado para la interacción entre quienes estaban sin hogar y la comunidad psiquiátrica. Resultó que la falta de instalaciones y de distribución de medicamentos eran temas importantes. Mucha gente sin hogar se encuentra en esta situación, en parte, debido a la falta de distribución de medicamentos psiquiátricos. No me había dado cuenta de que, según *The Oregonian* (el periódico más popular de Oregón) faltan fondos sociales para instalaciones de cuidados psiquiátricos. Como resultado de esto, por cada diez personas aceptadas en un centro de atención en Portland, cuarenta son rechazadas.

Conocía bien la relación entre la falta de vivienda y la economía, y entre las personas sin hogar y el racismo, pero no había pensado suficientemente sobre la conexión entre personas sin hogar, el problema con los medicamentos y la psiquiatría social. Así pues, cuando las personas sin hogar se quejaban sobre la falta de medicina psiquiátrica, sólo podía acompañar y facilitar las interacciones resultantes del foro, pero no podía participar realmente. Yo prefiero estar profundamente implicado, y no sólo ayudar desde fuera.

Por lo tanto, si estás facilitando un Foro Abierto sobre el sexismo, por ejemplo, ten en cuenta la diversidad de temas que hay bajo ese único paraguas. Como consecuencia del racismo, las mujeres de color y las mujeres blancas no siempre están de acuerdo sobre cuáles son los problemas relacionados con el sexismo, puesto que las cuestiones y preocupaciones de la gente de color y la gente blanca son radicalmente distintas. De forma parecida, las investigaciones demuestran que focalizarse en el sexismo considerando únicamente las relaciones entre mujeres y hombres margina las relaciones homosexuales. El tema más general son las ideas sociales en conflicto sobre lo que constituyen los atributos femeninos y masculinos. Además, a menudo se pasa por alto la cuestión del sexismo como *realidad interiorizada*.

En un Foro Abierto sobre sexismo en Estados Unidos conducido por miembros de nuestra organización, notamos que bajo el paraguas del sexismo habían temas referentes al racismo, y debajo de éste estaba el tema de la belleza. En un grupo relativamente grande reunido en medio de la ciudad, gente asiática, asiática americana, mejicana, afroamericana y hispana, estuvo hablando de como los patrones de la corriente dominante blanca marginan al resto del mundo. Además habían muchos temas complementarios. Se expresaron muchos sentimientos de mujeres ignoradas en los negocios, prejuicios contra mujeres de clases económicas bajas, historias de abusos y violencia doméstica, y dolor por los patrones sociales que juzgan la apariencia de las personas.

Casi al final del Foro Abierto, la atmósfera fue relajándose y la gente empezó a hablar de sus vidas personales. Una joven adolescente habló de hacer una "fiesta sólo de mujeres" para celebrar su primera menstruación. ¡Su orgullo por ser mujer conmovió a todo el mundo! Al ceñirnos estrictamente al tema del sexismo, mas siendo conscientes de los temas complementarios que pudiesen aparecer, el gran grupo que se reunió en el Foro Abierto se sintió como una comunidad, a pesar de los puntos de vista extremadamente dispares en torno a la raza y a la economía.

Si no tienes claros los temas complementarios bajo el tema paraguas, puede ser que te ataquen. Quizás empieces el Foro Abierto enfocándote en el tema a tratar, y alguien representando a un grupo o tema que no has tenido en cuenta toma la palabra y te ataca por marginarlas. Entonces, a pesar de tus buenas intenciones, ahí estás, atacado y sintiéndote avergonzado. ¡En lugar de ser la ayuda que pretendías ser, te has convertido de repente en la víctima de las personas a las que querías empoderar!

La moraleja de la historia es "Investiga qué hay bajo el paraguas" antes del foro, y cuando aparezca un tema complementario, enmárcalo. En el foro sobre sexismo, por ejemplo, una mujer se estaba lamentando de que ella no cobraba lo mismo que un hombre por su trabajo. En este preciso instante, otra mujer levantó la mano y parecía cambiar de tema, hablando de lo mucho peor que estaban las cosas para las mujeres de más edad, consideradas "anticuadas". Ahí puedes decir " Oh, ¡aquí tenemos el asunto de la edad!".

El título del foro. Habiendo investigado el tema principal y todos los temas complementarios, es el momento de ponerle título al Foro Abierto, ya que tienes que anunciarlo para atraer a la gente. Es importante pensar bien el título. Por ejemplo, si abres un foro sobre sexismo, puede parecer que ya estás posicionado. Algunos hombres darán por supuesto que *les* acusas de sexistas. No supondrán que tu interés está en sus puntos de vista, sino que creerán que eres un activista social buscando a alguien para cortarle la cabeza. Si quieres crear un debate sobre el sexismo a nivel organizacional o ciudadano con los grupos que desean cambios en la situación, titúlalo "¡Las mujeres! Nos ocuparemos del tema de las mujeres y los hombres en escuelas o puestos de trabajo", o algo así.

Identifica y habla con los élders **de confianza**. Los élders no son sólo jefes; son personas, jóvenes o ancianas, admiradas y valoradas por los numerosos y diversos subgrupos de la comunidad. En algunos casos, puede ser incluso importante invitar a estas élders a sentarse en frente junto con las facilitadoras, y así mostrar a la comunidad que apoyas su diversidad. Martha Sandbower, perteneciente a nuestro grupo, escribió: "Una cosa que aprendí de vosotras y que me resulto muy útil con los niños y niñas del sistema educativo, fue sentar a las educadoras a mi lado. Esto ayudó a que me respetasen. Con niñas y niños que no conoces, el respeto es crucial".

Antes de empezar el foro, es importante hablar con élders sobre quién y qué se margina en sus grupos. Si trabajas en una escuela, descubre cuáles son las niñas y niños más respetadas por el resto y pregúntales cuáles son los problemas de esta escuela. En los negocios, pide ayuda para el foro a las trabajadoras más respetadas de cada área. En los foros ciudadanos, pide a élders de distintas realidades económicas, razas, género y orientación sexual que colaboren. Ésta es tu mejor preparación.

Escoge un buen espacio. El espacio marca la diferencia. Escoge un lugar al que puedan llegar aquellas personas que tengan más dificultades para desplazarse. Escoge un lugar que simbolice la diversidad de la situación, como por ejemplo una sala o un edificio que esté en la frontera entre dos partes de la ciudad, o un sitio que ya se haya usado anteriormente para proyectos de creación de comunidad.

Horario: ¿A quién tenemos en cuenta? En una ocasión escogimos la Universidad de Houston como ubicación para tratar el tema de asesinatos raciales en el sur de los Estados Unidos. La elección del sitio tenía mucho sentido bajo muchos puntos de vista, ¡pero olvidamos que el foro coincidía con el primer día de clase del nuevo semestre en Houston! Vino mucha gente, pero las estudiantes nos explicaron que hubieran venido más si no hubiera sido el primer día de clase.

La difusión es importante. Una invitación personalizada, acogedora y cálida es importante. Si eres activista social, quizá quieras difundir tu trabajo de manera que arremeta contra la corriente mayoritaria. Pero entonces ya estás en conflicto antes de empezar, ¡y la corriente mayoritaria puede no aparecer! Sería mejor que trabajases en cómo *tú mismo también eres la corriente mayoritaria* antes de difundirlo con estas connotaciones; si no, sólo vendrán activistas. Un foro de activistas puede generar resultados importantes; simplemente asegúrate de que sea esto lo que quieres.

Dónde hacer difusión. Pon anuncios en la organización para la que trabajas. En el caso de que el Foro Abierto sea en una ciudad, pon anuncios en los periódicos; en todos, no sólo en los convencionales, sino en publicaciones que representen los dos lados del tema a tratar. Si tienes los recursos necesarios, anúncialo en la radio e intenta obtener cobertura televisiva. Muchas emisoras anunciarán el foro gratuitamente si es de interés público. Utiliza internet y el correo electrónico. En el anuncio, incluye, como mínimo, algo parecido a la información siguiente.

Luego viene el importantísimo "trabajo previo": Al hablar con la gente que quieres invitar al foro, muéstrales que estás interesado en sus opiniones; explícales que pueden salir distintos puntos de vista, pero que tu intención es facilitar de manera que toda la gente se sienta respetada. Gran parte del trabajo de un Foro Abierto se da en esta fase preparatoria al transmitir, "Tu punto de vista es necesario" y "Quiero generar un espacio seguro en el que puedas expresarte".

En general la gente se siente insegura cuando aporta su opinión sobre temas controvertidos. Debes trabajar con la gente para aumentar su sensación de seguridad, y esto requiere tiempo. Es importante que seas consciente de que tus opiniones representan solamente una parte del tema. Si no lo haces te va a resultar muy difícil hablar con quienes tengan puntos de vista muy distintos al tuyo. Recuerdo las conversaciones con la OCA, la Alianza de Ciudadanos de Oregón, un grupo de derechas en contra de los derechos de gays y lesbianas. Recuerdo a una colega, Dawn Menken, diciéndome que hablando con ellos por teléfono no pudo ni siquiera utilizar el término "diversidad"; para ellos no tenía sentido. Les tuvo que decir que su punto de vista era realmente importante, que muy a menudo eran retratados por los

medios de comunicación como el "enemigo", y que el Foro Abierto
podía ayudarles en su imagen pública.

Título:	Mujeres y Hombres
Tema:	¡Asuntos que afectan a las mujeres!
Horario:	De 19:00 a 21:30
Metodología:	A pesar que nos atendremos a este tema, estamos abiertas a los temas y sentimientos relacionados. El foro será más interactivo que las reuniones municipales que ves en la televisión.
Invitadas:	Las siguientes personas han sido invitadas para "poner en marcha" el proceso, hablando unos minutos al comienzo del foro.
Seguridad:	El equipo de facilitación hará todo lo posible para lograr el respeto hacia todo el mundo, independientemente de sus puntos de vista sobre el tema.

Durante el foro aparecieron temas complementarios. El portavoz
de la OCA expresó, "Los medios de comunicación nos asustan; nos
asusta que el otro lado nos menosprecie públicamente". Los élders
de la comunidad gay y lesbiana dijeron básicamente lo mismo. "Nos
da miedo que el otro lado nos haga daño públicamente." Aquí estaba
el punto en común: los sentimientos de aprensión. Nos dimos cuenta
que aunque el tema paraguas era la orientación sexual, los temas
complementarios eran los medios de comunicación y el miedo a los
ataques.

Cuando estés animando a la gente a venir, menciónales la posible
diversidad de opiniones e intereses que pueden encontrarse en el
foro. Siente los miedos y esperanzas de la gente que quieres invitar
y hazles saber que eres consciente de sus miedos. Diles que deseas

que representen sus opiniones, ya que forman parte del proceso de la comunidad, y que, por lo tanto, son fundamentales para el Foro Abierto.

La gente con la que hables puede ser de gran ayuda en la divulgación del foro. Pregúntales con quién puedes contactar, quién les gustaría que estuviera allí, qué revistas y periódicos leen; pregúntales qué páginas web visitan y cosas similares. Sigue tu intuición; llama a la gente con mayor rango y también a los que tengan menos dentro de la jerarquía de la ciudad, negocio o escuela.

Descubre los Foros Abiertos que ya existen. Todos los grupos, organizaciones y comunidades tienen métodos para abordar el tema concreto que deseas tratar. Formes parte o no de esta comunidad, entérate de como se han manejado estos temas hasta el momento. ¿Las reuniones eran abiertas o secretas? Pregunta si la comunidad tiene fiestas especiales o rituales. Intenta respaldar los programas de diálogo abierto y mediación comunitaria que hubo en el pasado o que hay actualmente, así como las reuniones organizadas por los ayuntamientos. Podrías mencionar y agradecer todos esos programas al inicio del Foro Abierto.

Aprende sobre los métodos usados en estos programas, ya que tu trabajo puede complementar los rituales y las instituciones existentes. Portland, por ejemplo, es famoso a nivel nacional por las organizaciones de base de las asociaciones vecinales y también por tener el primer programa de mediación comunitaria del país. Trabajar en red con los programas existentes siempre conduce a colaboraciones útiles, hoy y en el futuro.

¿Cómo te ve el público?

Ahora que ya has hecho un poco de trabajo interior y has invitado a las ponentes, el próximo paso es saber cómo te verá el público. Puedes averiguar cómo te ve el público preguntando a tus amigas, conocidas o compañeras de trabajo. ¿Qué le gusta de ti a la gente? ¡Descubrirlo puede sorprenderte!

Primero deberías responder tú mismo a estas preguntas, y después hacérselas a otras personas. Debes saber *cómo* te percibe la gente y discutir estas percepciones con las demás para que te sorprenda menos la reacción del público. Cuando empieces un Foro Abierto, habla sobre tu apariencia; esto ayuda a la gente a sentirse más cómoda. ¿Eres una persona de color trabajando en una comunidad de blancos? ¿Eres una persona blanca trabajando en una comunidad de color? ¿Un hombre hablando de preocupaciones de mujeres? ¿Una mujer hablando de temas de hombres? ¿Una profesora hablando de cuestiones de estudiantes? Identifica tu contexto, estúdialo, y expón tu situación. Clarifica cómo los demás perciben tu posición y rango social en una comunidad determinada; reconoce que como te perciba la gente, va a influenciar tu comportamiento y el modo en como te tratan.

Cómo se te ve en términos de ...
- Género
- Raza
- Edad
- Salud
- Rango Social
- Educación
- Profesión
- Orientación sexual
- Religión
- Lengua

Por ejemplo, como hombre blanco, culto, de mediana edad y heterosexual, tengo un alto rango social en muchos lugares del mundo. Aun así, cuando trato con problemas de sexismo, racismo, homofobia, o con los problemas de las escuelas de secundaria, puedo ser visto fácilmente como el "opresor". Conocer y sentir esta compleja identificación puede bajar mi autoestima. Esto no es necesariamente negativo, sobretodo si mi autoestima estaba basada inconscientemente en ser un hombre culto, blanco, de clase media y heterosexual. De hecho, saber cómo me ven los otros me permite decir, por ejemplo, "Soy miembro de un grupo potencialmente dañino. Esto me hace sentir mal conmigo mismo y podría afectar negativamente mis habilidades como facilitador. Espero que me podáis ayudar a aprender a utilizar mi conciencia y mi poder social en beneficio de todas".

También debes ver con claridad tu propio sufrimiento debido a una situación determinada o a experiencias pasadas. Yo, por ejemplo, sufro y he sufrido antisemitismo por mis raíces judías. Este sufrimiento puede ayudarme en mi trabajo en Foros Abiertos sobre asuntos sociales. Puedo decir, por ejemplo (en un área que no fuera abiertamente antisemita), "Espero que mis experiencias, y el dolor que he sentido como judío me permita estar más abierto a los problemas de toda la gente".

La cuestión importante aquí es el la relación con el contexto. Date cuenta que eres un hombre trabajando con temas que preocupan a mujeres, una mujer trabajando en una organización donde principalmente hay hombres, una persona extranjera que está intentando ayudar, una joven trabajando con gente anciana o una persona mayor con jóvenes.

¿A quién invitar?

Empezar un Foro Abierto con ponentes puede ser útil para impulsar el proceso. Después abre el espacio al resto de asistentes.

Invita a ponentes con distintas opiniones acerca del tema. Las ponentes expresarán algunas de las distintas posiciones que seguramente también forman parte de las opiniones del público. Escoge a las oradoras con las posiciones más extremas del tema, porque si no son expresadas, las posiciones extremas se vuelven fantasmas que acechan al grupo, amenazando constantemente la situación. En un foro sobre cuestiones raciales en Estados Unidos, por ejemplo, puedes invitar a hablar a alguien del Ku klux klan (un grupo ario blanco, frecuentemente violento, que está en contra de la integración racial). No te olvides de los Panteras negras,[1] ni de otros grupos con posiciones intermedias. Si las ponentes son conocidas, atraerán al resto de la organización y de la ciudad. Cuanto más extremas sean las posiciones, más radicales serán los aspectos que se podrán tratar, lo que también aumenta el interés.

Identifica los objetivos del equipo

En los preparativos, no debes pensar sólo en ti mismo, sino también en tu equipo de facilitación. ¿Cuánta ayuda se necesita? ¿Tienes suficiente gente en el equipo? ¿El equipo refleja la diversidad de los puntos de vista de la organización y de los temas del Foro Abierto? ¿Quién es la persona más indicada para cada parte del trabajo previo? ¿Quién tiene los mejores contactos en la escuela, en el negocio o en la ciudad? Una vez te hayas clarificado a ti (ver ejercicio del final del capítulo 2), pide a los miembros de tu equipo que también se clarifiquen.

A veces, en los seminarios de formación sobre *worldwork*, nuestro equipo está formado por un grupo diverso de cincuenta individuos que trabaja con trescientas personas. Yo he trabajado solo, como miembro de una pareja con Amy y con equipos de tres a cincuenta personas. Algo que he aprendido es que los problemas del grupo siempre afectan a los miembros del equipo.

Como supervisor, puedo afirmar que a todos los equipos les afectan los problemas que encuentran en el mundo. Esto pasa porque cada una de nosotras, como personas y como equipos, tenemos exactamente los mismos conflictos que estamos tratando de resolver en el mundo. Por tanto, del mismo modo en que debes hacer tu trabajo interior individual para reconocer el Foro Abierto como un proceso dentro de ti mismo (como hiciste en el capítulo 2), el equipo necesita explorar su experiencia colectiva de los temas del foro como una sola unidad.

Cada miembro del equipo de facilitación de un Foro Abierto debe hacer algún tipo de trabajo interior para ver cómo el exterior está dentro de él o ella. Para conseguir un trabajo efectivo como equipo, cada persona debería trabajar las bases de sus relaciones interpersonales con cada uno de los miembros del grupo. Además, el equipo debe dedicar tiempo a procesar sus propios problemas como grupo. Cada persona debe expresar todos sus sentimientos sobre un tema concreto. Si esto no se hace, los conflictos interpersonales o la presencia de sentimientos no resueltos sobre algún tema del foro puede desorientar al equipo durante el Foro Abierto. En todo caso, que haya conflictos no resueltos dentro de un equipo no significa que el grupo sea "malo", sino todo lo contrario. Los miembros del equipo pueden usar estos temas no resueltos para mostrar cómo se pueden trabajar estos conflictos durante el Foro Abierto.

Los miembros del equipo deben responsabilizarse del análisis social previo. En un equipo diverso, pueden ayudarse mutuamente en esta tarea. En el mejor de los casos, los miembros del equipo reflejan el mundo que desean crear. Idealmente, los equipos de un Foro Abierto se parecen a un equipo de baloncesto, en el que los los miembros del grupo lanzan la pelota hacia delante y hacia atrás y todos, no uno sólo, son responsables de encestar. Creando así un mundo satisfactorio para todas. Incluso después del Foro Abierto, el "equipo de baloncesto" debe seguir aprendiendo, cuestionando y procesando lo que ha ocurrido.

Cuando sientas que tú y tu equipo formáis una unidad, y los miembros del equipo se sienten a ellos mismos y a su equipo como una unidad, ya conoceréis y habréis manejado las situaciones más peligrosas que os podáis encontrar.

SIMULACRO DE FORO

Procesa temas con los miembros de tu equipo para preparar el terreno con antelación. Hace pocos años, en San Francisco, un grupo mixto de gente de China, Corea y Japón decidieron celebrar un Foro Abierto para procesar temas de tristeza y rabia entorno a como Japón hirió a China y Corea durante la Segunda Guerra Mundial. El grupo de Japón hizo un trabajo previo por su cuenta, explorando sus relaciones interpersonales, e investigando las distintas polaridades dentro del grupo: eran las polaridades que pretendían procesar en el Foro Abierto.

Cuando los tres grupos se encontraron en el foro, la situación era extremadamente tensa. Recuerdo perfectamente una mujer coreana asombrosa que escuchó profundamente las disculpas de los japoneses, pero después, en los últimos momentos del encuentro, cuando todo parecía marchar bien, habló amargamente de los ataques japoneses contra Corea. Expresó clara y amargamente, con tristeza en su voz, que, aunque agradecía todo lo que se había dicho, ella nunca iba a perdonar ni podría perdonar a los japoneses, por mucho que se disculparan en aquel espacio.

Entonces, ante el asombro de mucha gente de la sala, alguien dijo algo en japonés, y seguidamente todas las personas japonesas de la sala se levantaron y se arrojaron al suelo. Con las caras mirando al suelo, admitieron su culpa y prometieron que nunca dejarían que volviera a ocurrir. Era un escena impresionante. La mujer coreana no pudo contenerse; se dejó ir, y juntamente a otra gente, rompió a llorar de forma incontrolada. Lo importante es que el equipo necesita hacer su trabajo previo, y si lo hace, es más probable que tenga lugar un verdadero cambio.

Trabajo interno: procesando temas con antelación

Después de esta exposición, ahora necesitamos evaluar tu preparación, incluyendo tus miedos y tu coraje para llevar a cabo un Foro Abierto. El trabajo interno que planteo a continuación está diseñado para hacer que te sientas lo más capaz posible de utilizar todas las habilidades a tu disposición.

1. Piensa en un tema que te gustaría tratar en un Foro Abierto. ¿Cuál es el tema principal? ¿Cuáles son los temas complementarios que pueden aparecer? ¿Quiénes son tus compañeras de trabajo?

2. ¿Cuáles son las circunstancias que te podrían intimidar más en este Foro Abierto? ¿Cuál es el tipo de persona del Foro Abierto que podría causarte más miedo o generarte más timidez? ¿Cuáles son los elementos clave? ¿La confrontación? ¿La humillación? ¿La lástima? ¿La culpa?

3. Imagina ahora qué podría decir esa persona o cómo podría comportarse. Esto puede ser difícil, pero pruébalo igualmente. Escucha su punto de vista. ¿Cuál es? ¿Dice o insinúa que no sabes suficiente, que eres insignificante, que estás fuera de lugar, etc.?

4. Cuando estés preparado, imagínate siendo esta persona, e intenta pensar como ella. Siguiendo tu trabajo interior, imita las caras y los gestos que podría hacer. Siéntate como ella se sentaría; háblate a ti mismo como si fueras esta persona. Observa qué sientes siendo esta otra persona. ¿Qué se siente? Siendo ella, ¿cuál es el mensaje más importante que tienes para ti? Anótalo.

5. Vuelve a tu propia posición, y si puedes, valora también tu propio punto de vista. Sé lo más comprensivo posible y piensa qué podrías contestarle. Adopta tu propia postura con cariño y escucha tu propio mensaje. Contesta; expón tu propio punto de vista. Anótalo.

6. Piensa en algo o alguien que pueda ayudaros a tu oponente y a ti a acercaros. Deja que tu mente inconsciente diseñe una resolución, algo simple e inmediato. Tómate un tiempo para esto. Siente cómo sucede este acercamiento y toma notas de la

resolución. ¿La ayuda viene de alguien que valora y aprecia los dos lados? ¿Es alguien más afín a uno de los lados?

7. Fíjate en cómo los roles que acabas de interpretar (es decir, el tuyo y el de tu oponente) podrían ser roles de un proceso de grupo grande. Imagínate a este grupo entero procesando esos roles; quizá aparecen dos figuras para procesarlos mientras el resto de grupo observa. Interpreta los dos roles en tu imaginación, incluso puedes tomar notas de lo que dicen ambos lados, aprende de estos roles y las posiciones que defienden.

Anima al resto de miembros de tu equipo a hacer este trabajo preparatorio. Compartir algunas de las respuestas de las preguntas anteriores entre vosotras puede ser una manera interesante de redescubrir lo más íntimo de tus colegas.

Tu trabajo interior es importante para tu desarrollo y, a la vez, es un acto político, y no es sólo tuyo. Tu proceso interior con el conflicto que te asustaba puede convertirse de hecho en parte de un proceso de grupo.

Cosas a recordar

1. Con que sólo una persona entre cien tenga conciencia de lo que está pasando, el grupo se sentirá seguro y respetado.

2. Hoy puedes parecer preocupado o furioso. Mañana puedo ser yo. Por lo tanto, mi lema es "hoy por ti, mañana por mí".

3. Después de investigar tus objetivos personales, debes preguntar a los miembros de la comunidad cuáles son los suyos. ¿Desean sentirse más seguras dentro del grupo? ¿Quieren lograr una mayor sensación de comunidad?¿En qué temas hay más diversidad? ¿Qué hay de los temas económicos? Investiga la historia del tema que vais a tratar y la historia de la gente que está involucrada.

4. Cualquier tema que se quiere tratar en una organización es un rótulo crucial, pues es lo que preocupa al grupo ahora mismo. Al mismo tiempo, el rótulo es un paraguas que cubre temas complementarios íntimamente conectados con el tema

a ser discutido. Investiga los temas complementarios; si no los tomas en cuenta, pueden aparecer en detrimento del tema principal.

5. Cuando sepas cuál es el tema principal y los temas complementarios, ponle título al Foro Abierto. Si quieres que vengan todos los grupos relevantes en relación a ese tema, escoge un nombre para el foro que sea inclusivo, no excluyente.

6. Habla con élders de confianza de cada grupo que represente una posición distinta en relación al tema a tratar. Las élders no tienen por qué ser jefes: son gente joven o vieja, querida por la comunidad. Considera la posibilidad de que las élders se sienten en frente, junto a las facilitadoras.

7. La ubicación y el horario del foro puede marcar la diferencia. Busca un sitio y una franja horaria que promueva la inclusión.

8. La difusión es importante. Diseña una invitación personal, cálida y afable. También es importante el trabajo previo, llama a gente e invítala a venir. Asegúrate de que se sienten respetadas.

9. Para sentirte más preparado, pregunta a tus amigas, conocidas y compañeras de trabajo cómo se te ve en público en cuestiones de género, edad, formación, etc.

10. Escoge las ponentes que tengan las posiciones más extremas sobre el tema, para evitar el fenómeno de los "fantasmas que acechan".

11. Conduce simulacros de foros: Trabaja los temas con antelación, tú mismo y con tu equipo.

12. Trabaja tus propios sentimientos y emociones sobre el foro, y simula un foro dentro de ti, como parte de tu worldwork interno.

CAPÍTULO 4

El trabajo de conciencia en la facilitación

Ahora voy a suponer que ya has realizado el trabajo preliminar, has conducido el foro simulado, y has llegado al lugar en el que se celebrará el Foro Abierto. ¡Buena suerte! Allí estás tú, delante de un grupo de gente, con o sin equipo de facilitación, a punto de empezar. Ahora utiliza tu conciencia y recuerda dónde estás. El baile está a punto de comenzar.

PRESENTACIONES EN EL FORO ABIERTO

Tómate un minuto para reconocer el sitio que has elegido. Explica brevemente por qué has escogido este lugar, esta parte de la ciudad o zona rural, esta sala de reuniones o sala de estar. Después puede resultar útil que reflexiones sobre el tipo de lenguaje que usas. Yo uso el inglés americano dominante y a menudo no me doy cuenta de cómo este hecho margina a gente que usa otros estilos de habla inglesa o que tiene otras lenguas maternas. Ser un ciudadano norteamericano tiene muchas ventajas, pero tiene la desventaja de la inconsciencia del uso del inglés. Cuando estoy en Inglaterra o en Australia tengo que tener en cuenta que tengo acento de Estados Unidos. En cualquier caso, menciona algo sobre tu lengua particular y sobre las otras lenguas habladas por el resto de personas del foro.

Al principio, muchas personas que facilitan un foro se sienten nerviosas porque tratan de olvidar que están siendo observadas, analizadas y evaluadas por un auditorio lleno de gente. No hagas eso; pon atención al escrutinio que sientes y explica qué clase de persona eres y las cosas que has aprendido en tu vida. Empieza presentándote; comenta algo de tu personalidad y de tu estilo de comunicación, admite cosas divertidas de ti, tus miedos, etc. ¿Tu estilo es emocional o desprendido? ¿Eres un tipo de persona serena y segura o nerviosa y crítica consigo misma?

Si no hablas de ti desde el comienzo (aunque si lo haces, ¡sé breve!), tarde o temprano el público va a interrogarte, o quizá incluso a atacarte, para descubrir cómo eres. Si te describes y explicas como eres, la gente no pasará la mitad de tiempo intentando descubrirlo.

En función de dónde estemos, Amy y yo a menudo nos describimos como personas blancas, esencialmente heterosexuales, de clase media y ciudadanas de los Estados Unidos. Amy comenta nerviosa o emocionada que es del medio oeste de EE.UU. Yo confieso que a veces me muestro más sereno de lo que me siento, y añado algo sobre las ventajas y limitaciones de nuestra posición social, dependiendo del tipo de foro.

El objetivo es hacérselo más fácil a las oyentes. ¡Prepara el terreno para ser humano! La raíz de la palabra *facilitar* es *facile,* lo que significa *hacer las cosas más fáciles.* Habla sobre tu parcialidad y tu estilo. Amy dice con frecuencia, "Por suerte, tengo muchos estilos, pero suelo ser tímida y sensible". Una vez, de buen humor, me escuché a mí mismo diciendo, "Soy blanco, me estoy volviendo calvo, tengo cincuenta y nueve años, he vivido estas experiencias y estas otras, ¡soy un terapeuta con un montón de problemas por resolver! De hecho, debo ser parte de este mismo grupo que está buscando despertar".

Un taxista que nos llevaba a una conferencia en Washington, D.C., me contó el siguiente chiste. Si quisieras tener en unos años un zoo estadounidense con todos los animales posibles, es mejor que pongas ya a un hombre blanco, porque se está convirtiendo en una especie en peligro de extinción.

Si no hablas sobre ti y tu posición, tarde o temprano lo harán las demás. Evidentemente, no tienes que decirlo todo de ti. De hecho eso sería arriesgado. Por ejemplo, en la mayoría de lugares del mundo aún es peligroso hablar de tu orientación sexual si eres homosexual. De todas maneras, cuanto más expliques, más sentirá la gente que te estás sincerando con ella, y esto genera confianza.

¿Quién ha venido al foro?

Dedica unas palabras a la gente que está asistiendo al foro, comenta que te das cuenta de la diversidad de gente, lenguas, etnias, orientaciones sexuales, formación, cuestiones de salud, razas, religiones, etc. Agradece a la gente que se haya tomado el tiempo de venir. Considera la posibilidad de que el número de gente presente, sea el número correcto. Si hay poca gente, lo que ocurrirá sólo podría haber pasado en un grupo pequeño. Los grupos reducidos son muy importantes ya que, con una buena facilitación, se pueden sembrar relaciones muy cercanas y formar un grupo transformador.

Si el grupo es grande, puedes asumir que se necesita a todo el mundo para que se dé un cambio global en las organizaciones. Puedes querer mencionar que la gente que no ha asistido al encuentro está igualmente presente y que serán representadas en el foro por ti o por otras personas. (Hablaré de cómo hacer esto más adelante.)

Reconoce el sufrimiento. Reconoce la magnitud del proyecto, especialmente en zonas de conflicto intenso donde ha habido mucho dolor y pérdidas: Di algo como, "Vamos a hacer un Foro Abierto sobre un tema que es muy doloroso. Alguna gente probablemente no quiera ni pensar en ello, y mucho menos debatirlo. Ese es el motivo por el cual no ha venido todo el mundo. Gracias a quienes sí habéis venido".

El dolor de algunos temas que tratamos en los foros ha traumatizado a la gente, por lo que nadie los aborda de buena gana. Muchas de las participantes pueden sentirse aliviadas si simplemente mencionas que ha habido mucho sufrimiento y muchas pérdidas. En una zona donde ha habido derramamiento de sangre, un facilitador optimista y despreocupado no será apropiado ni efectivo. Si ignoras los traumas y la historia del sitio, la gente no confiará en ti. Te darán una oportunidad si reconoces la dificultad de empezar una discusión sobre un tema tan difícil. Asegúrate de que la gente siente tu empatía.

Agradece a las élders. No olvides prestar atención a las divinidades de la región. Respeta a las élders de todas las comunidades que estén presentes. Agradéceles públicamente el haber venido. Si se sienten respetadas, es más probable que estas élders regresen a sus comunidades después del foro y continúen el trabajo cuando tú te hayas ido.

Las comunidades nativas de todo el mundo nos han recordado los ritos ancestrales que honran a las élders (y también a todas las demás personas). Honrar a las élders puede ser una manera de honrar la historia, los ancestros, y los espíritus que hay detrás de cada grupo.

Agradece a tus colaboradoras. Asegúrate de agradecer afectuosamente a aquellas personas que estuvieron llevando a cabo las tareas que hicieron posible la realización del Foro Abierto. Muestra a la comunidad quiénes son esas personas. Son parte del trabajo oculto y también del visible, pues algunas de ellas pueden ayudarte a interpretar roles y compartir contigo el trabajo de facilitación de primera línea. Recuerda que al agradecer a esta gente, también les estás pidiendo ayuda (a ellas y a todas las participantes); lo que se necesita que ocurra está en manos de todo el mundo.

Quienes asumen formalmente el rol de facilitadores se situarán al frente de la sala, pero pueden haber muchas otras personas que estén facilitando todo el proceso desde cualquier otro lugar. De hecho, las "facilitadoras de segunda línea" pueden resultar tan útiles, y a veces incluso más útiles que las facilitadoras de primera línea que tienen casi todo el protagonismo. Si en algún momento del foro no sabes qué hacer, siempre puedes buscar ayuda en tu equipo. Si tienen las manos levantadas, pídeles que te ayuden a facilitar. Sus comentarios desde "la segunda línea" sobre el ambiente en la sala, como "Hay mucho dolor en esta sala", o "Parece que el ambiente se ha relajado", pueden ser puntos de inflexión para todo el grupo.

Clarifica el horario. Cómo lidiar con el tiempo en un Foro Abierto depende de tu estilo y del contexto cultural en el que estés trabajando. Si no aclaras de cuánto tiempo se dispone de la sala y cuánto va a durar el Foro Abierto, la gente puede empezar a irse a la mitad. Si avisas diciendo, "Este Foro Abierto comienza a las 19 horas y acaba a las 21.30", hay más posibilidades de que la gente se quede hasta el final.

Limita el tiempo de las intervenciones. Cuando las culturas eran más pequeñas y monolíticas, y la gente no se tenía que levantar a la mañana siguiente para ir a trabajar, era posible que las sesiones duraran toda la noche. Hoy en día, las personas de la mayoría de culturas cosmopolitas se van después de un cierto tiempo. Así pues, limitar el tiempo de las intervenciones es importante, ya que tu deseo es que hable el mayor número de personas posible.

Pienso que limitar el tiempo de las ponentes a cinco minutos es útil. Las "expertas", políticos y activistas sociales pueden querer hablar indefinidamente, dominando inadvertidamente al resto. No te preocupes por cortarlas. No se van a ofender si, antes de empezar el evento, les has contado que hay un límite de tiempo. Después, durante su presentación y en el momento que se les acaba el tiempo asignado, sonríe, y diles, "¡Se está agotando tu tiempo!".

Así que deja sólo cinco minutos a la gente experta. Después de quince o veinte minutos, cuando las tres o cuatro primeras ponentes hayan expuesto sus historias, llega el momento de abrir el turno de palabra al resto. Los Foros Abiertos orientados a procesos no se basan en escuchar a gente que lleva discursos preparados, sino en poner atención en el diálogo entre las personas. Es por esta razón que se pide a las participantes que expongan sus puntos de vista con la mayor brevedad posible. En los Foros Abiertos grandes, el limitar el tiempo del que dispone la gente a dos minutos diciendo, "Se acabaron tus dos minutos", permite que también hablen las demás. Puedes expresar la petición de un modo positivo diciendo, "Lo que dices es importante, ¿podrías resumirlo por favor?, así podemos escuchar otras voces".

Como ya he dicho, facilitar significa "hacer las cosas más fáciles" para la comunidad, por lo que limitar el tiempo de las intervenciones facilita, ya que favorece a toda la comunidad. De cualquier modo debes tener cuidado en cómo lo haces. Debes mostrar respeto a la persona (la parte) y al mismo tiempo a la comunidad (el todo).

Con frecuencia las facilitadoras principiantes no se atreven a intervenir, ya que temen dañar u ofender a alguien. Yo no apoyo este tipo de timidez, pues deja a la comunidad indefensa ante los abusos del poder individual. Protege al público, respetando al mismo tiempo a quien habla. En el trascurso de los procesos organizacionales, a la larga, será el grupo mismo quien tome el rol de facilitador y avise cuando se acaba un turno de palabra. No obstante, en un Foro Abierto que sólo dura un tiempo limitado, la comunidad depende de ti para establecer y mantener esos parámetros.

Expón cuáles son tus objetivos para el foro. Uno de mis objetivos, por ejemplo, es que la comunidad llegue a reconocer las distintas partes que la conforman. Las comunidades muy pocas veces se dan cuenta de su propia diversidad interna y, aunque resulte extraño, no toman conciencia hasta que se discute en el foro cada uno de los temas sobre los que existe esta diversidad interna.

Otro objetivo importante es la seguridad en el foro comunitario. La palabra seguridad tiene tantos significados como gente hay en el foro. La gente se siente insegura cuando no es capaz de defenderse a sí misma de quienes están dominando los canales de comunicación. Las comunidades, deben llegar a un consenso sobre lo que significa seguridad, y notar cómo esta definición ayuda a que alguna gente se exprese pero puede impedir que lo haga otra. El tema de la seguridad siempre va relacionado con la *conciencia del abuso*, y no solamente entendido en el sentido evidente de una persona o grupo usando su poder para herir a otro, sino también en el sentido encubierto de una persona o grupo usando una forma de comunicación que anula al resto.

La gente que tiene estilos de comunicación distintos a los de la corriente principal acostumbra a sentirse insegura a la hora de hablar en público. La gente tímida no se siente segura. Algunas mujeres no se sienten seguras cuando hablan hombres con poder. A algunos hombres les asustan las mujeres con poder. No es seguro hablar para cualquier persona o raza (o género, o religión, u orientación sexual, etc.) que sienta que está en clara minoría. A menudo, cuando se atreve a hablar alguien de una minoría en un Foro Abierto, la gente de la corriente mayoritaria tiene dificultades para entenderlo, ya sea porque se ha puesto demasiado nervioso como para hablar con claridad, o porque se ha vuelto intimidatorio e implacable por haber sido reprimido durante tanto tiempo. (En este caso un comportamiento desafiante también puede ser el resultado del temor a las represalias.)

La seguridad en un Foro Abierto depende de *tu* atención y conciencia de la comunidad. Cuanta más conciencia de los procesos muestres, más segura se va a sentir la gente. Por ejemplo, si una persona o un grupo amenaza a otro grupo o individuo, en vez de aceptar el silencio, puedes decir, "Alguien acaba de hablar con mucha dureza y, en este momento, puede ser que haya gente en la sala que se sienta demasiado asustada para contestar".

Seguir la naturaleza

Probablemente tengas varios estilos de facilitación. En cualquier momento dado puedes sentir un impulso, que provenga de dentro de ti o de algún comentario que acaba de hacerse, que te transforme en un activista social que debe cambiar el mundo y despertarlo en relación a un tema determinado. O bien, puedes ser un salvador, luchando por salvar a todo el mundo. En otros momentos, puedes encontrarte siendo una alfombra agradable en donde la gente se sienta y charla. Lo que hace una alfombra es simplemente crear una atmósfera. Puedes tener una orientación más espiritual y considerar que tu trabajo es seguir el despliegue natural de los procesos momento-a-momento. Este último estilo de facilitar es el que más me gusta, aunque por momentos puedo usar también otros.

La actitud espiritual hace que todo lo que hagas en tu vida sea "trabajo de conciencia". Ya sea cuidar el huerto, lavar platos, conducir tu coche o facilitar un Foro Abierto, la conciencia atiende por igual a las señales y a los acontecimientos. En el trabajo de conciencia, la cosa más divina es exactamente lo que está ocurriendo ahora mismo, en este momento, dentro y delante de ti. Desde el punto de vista de la conciencia, el cambio es inherente a la vida; no tienes que trabajar en ello, el cambio ocurre por sí mismo. Percibir cosas puede ser fácil.

Si prestas atención al cambio, el cambio ocurre. Necesitas conciencia, y no poder, para prestar atención y seguir el incesante flujo del cambio. Desde el punto de vista de la conciencia, se percibe tanto aquello con lo que se identifica la gente como aquello con lo que no se identifica. Puedes darte cuenta, por ejemplo, de que mientras se está tramitando un acuerdo u otro tipo de pacto, alguna gente sonríe mientras mira hacia abajo. Se identifican con estar sonriendo pero no saben por qué razón están mirando al suelo. Si usas tu conciencia y te das cuenta de que sus caras muestran abatimiento, a pesar de la sonrisa, sabrás que no había llegado el momento del trato y que no conseguirán mantener el acuerdo más adelante. La conciencia te aconseja esperar a otro encuentro. Unas cuantas reuniones más sobre este tema pueden evitar décadas de luchas y guerras. Usa la conciencia para propiciar que el cambio se dé lo antes posible.

Supongamos pues, que aunque os den a tu equipo y a ti varios trabajos para hacer, ves que la tarea principal como facilitador es el trabajo de conciencia. Asumamos que estás de acuerdo en seguir la naturaleza de las cosas, el Tao. Pero, ¿qué *es* el Tao? ¿qué es el camino de la naturaleza? Antiguamente quería decir seguir el viento, escuchar la llamada de los pájaros, los sonidos del bosque, el amanecer, el sonido del búho.

¿Qué significa seguir la naturaleza en un Foro Abierto? En libros anteriores he expuesto una serie de elementos que se requieren para la conciencia.

He hablado de "dar el parte meteorológico", es decir, estar atento y comentar la atmósfera de la sala. Presta atención a las señales corporales, como sonrisas, posturas y gestos que no tienen un sentido obvio para ti.

Fíjate en los roles (los actores pasajeros, como el "opresor", el "oprimido", el "terrorista", los "líderes", etc. - cada grupo tiene sus propios nombres para estos roles).

Necesitarás tomar conciencia de los "roles fantasma", es decir, gente y sucesos que se nombran pero que no están presentes o representados. (Hay muchos ejemplos de roles fantasma: gente sobre la que se habla pero que está muerta, la opinión no representada de los árboles en una discusión sobre medio ambiente, o el presidente de un país al que alguien se refiere pero no está presente.)

Descubre las barreras en la comunicación o los "límites" - la incapacidad repentina de la gente para hablar o completar lo que están diciendo.

Los puntos álgidos* son especialmente importantes en los Foros Abiertos. Un punto álgido o caliente es un momento durante un proceso de grupo en el que algo aparece como un destello captando la atención del grupo pero se deja de lado porque da demasiado miedo, conlleva demasiada emoción. Puedes encontrar más información sobre los puntos álgidos en mi libro "Sentados en el fuego" y "The leader as a martial artist".

PUNTOS CALIENTES: COCERLOS O DEJARLOS ENFRIAR

No existe una definición única de punto álgido, ya que está sujeta a la opinión de qué es "álgido". Por ejemplo, si alguien menciona el sexo y

---

* "Hot spots" en el original inglés. Este término permite al autor hacer una analogía entre las cuestiones candentes de las comunidades y los puntos calientes geológicos. (Nota de la traducción)

todo le mundo ríe, éste podría ser un punto álgido. Si alguien insinúa que la comunidad tiene un problema del que es difícil hablar y todo el mundo calla, éste podría ser un punto caliente. Si en el Japón se mencionan los derechos de los hombres en el hogar y toda la sala se ríe, éste es un punto álgido. Las facilitadoras de Foros Abiertos deben tomar conciencia de los puntos álgidos.

En principio, los puntos calientes contienen sentimientos fundamentales, profundos, y tienen una energía propicia para "cocinar" los temas de la comunidad. De todas maneras, estos puntos álgidos, en un primer momento, acostumbran a ser tan calientes que se evitan. Tarde o temprano tendremos que afrontarlos, ya que son los lugares en donde, con el tiempo, pueden originarse terremotos y fuegos. En geología, los puntos calientes son lugares en la corteza superior de la Tierra, donde el material caliente de debajo toca la superficie. Son lugares donde se originan erupciones volcánicas.

En cualquier caso, después de que las primeras oradoras hayan expuesto las distintas opiniones sobre el tema a debatir, usa tu conciencia para descubrir roles, roles fantasma, límites y puntos álgidos. Los puntos álgidos son importantes ya que contienen temas profundos. Si se te escapa un punto álgido, volverá – y cuando vuelva normalmente lo hará con más intensidad. La mayor parte de la violencia se debe a que los puntos calientes no se abordaron en un primer momento.

Por ejemplo, en una comunidad principalmente negra de Estados Unidos, en medio de una discusión donde se criticaba a la gente blanca por los crímenes realizados en el pasado, una mujer afroamericana se levantó y enfrentándose al clima político predominante, dijo "Sé que voy a molestar a algunas personas presentes pero creedme, Dios no es blanco ni negro ni de ningún otro color". Su comentario implicaba que estar cerca de Dios podía mejorar la atmósfera políticamente tensa que imperaba. Sin embargo, su comentario generó lo contrario: creó un punto álgido.

En aquel momento nadie fue capaz de enfocarse en lo que había dicho y prosiguieron como si ella no hubiera hablado. Más tarde, volvió a surgir el mismo debate sobre lo que significa ser blanco o negro, pero esta vez con mucha más vehemencia. Un hombre activista corrigió a una mujer que dijo no sentirse únicamente negra ya que su madre era irlandesa y su padre africano. El activista dijo, "Recuerda, señorita, que por lo que atañe a este mundo, naciste negra, creciste negra y morirás negra". Para entonces, el punto caliente se había convertido en una hoguera feroz, debido, en parte, a que la comunidad no había sido capaz de explorar el punto álgido la primera vez que apareció; es decir, el conflicto existente entre las dimensiones política y espiritual que conlleva el ser una persona de color.

En los Foros Abiertos, presta delicada atención a los puntos álgidos. Puede ser que únicamente necesites decir "Ups, éste es un tema muy amplio. ¿Queremos profundizar en él o seguimos adelante?". En los grupos que hace tiempo que trabajan juntos, la gente desarrolla una cierta tolerancia hacia este tipo de calor. Sin embargo, un grupo que recién está empezando, como el de un Foro Abierto, puede no estar preparado aún para ir hasta el fondo, es decir, trabajar todos los puntos álgidos. Las participantes necesitan tiempo. ¡Ésta es la razón por la que los grupos nuevos normalmente prefieren pasar de largo ante los puntos calientes! En cambio, los grupos grandes que llevan tiempo juntos, no necesitan que se les anime demasiado para entrar en los puntos calientes. Los Foros Abiertos, que son conducidos de manera más lineal, segura y su naturaleza depende de la corriente principal, requieren sugerencias más sutiles para entrar en los puntos álgidos.

Deja que la comunidad conduzca la situación. Puedes decir, "Bien, ahora la comunidad está dejando atrás un momento emocional. Sólo quiero que sepáis que algunas personas pueden tener muchas emociones que no han sido expresadas en el momento, pero parece que como comunidad hemos decidido proseguir ".

O bien: "Parece que la comunidad quiere trabajar este punto álgido, sin embargo hay gente que puede estar inquieta con respecto a esta decisión. Esto puede ser duro para aquellas personas que sienten timidez ante situaciones emocionales fuertes, pero vamos a intentar hacerlo lo mejor posible". Lo importante es reconocer y aceptar la diversidad de temas y actitudes en relación a las emociones. "¿Está todo el mundo de acuerdo con que aparezcan temas emocionales? Pueden ser útiles, y tratarlos puede ser lo mejor para el grupo."

Obviamente, siempre hay personas que odian las emociones y, a pesar de que hayas mencionado que en este es un trabajo potencialmente emocional, puede que se sientan superadas al estar expuestas a la expresión de emociones. ¿Qué hacer en ese caso? En un grupo ya consolidado pueden ser entendidas como una parte de la comunidad que necesita ser representada; quizá como un rol que tiene miedo al dolor y al daño. Intenta llevar a las participantes a entrar en *el rol, como actoras* mostrando el temor que genera el tema en cuestión.

El temor quiere ser escuchado. Del mismo modo en que las activistas pueden ignorar el miedo, el miedo puede evitar que se exploren los temas en cuestión. Lo importante no es tanto lo que dices con respecto a roles como el miedo, como *lo que sientes*. Facilitar a menudo significa andar por el camino estrecho que separa al activista que quiere progresar de la persona tímida que desea marcharse.

Tus actitudes con los micrófonos

Tu actitud hacia los puntos álgidos y hacia las participantes de un Foro Abierto se evidencia de muchas maneras. Si tienes interés en que el grupo tome conciencia de sí mismo, entonces en tu imaginación cada parte es crucial. Este tipo de imaginación se puede expresar en la manera en la que configuras la sala. Para mí, disponer un Foro Abierto en círculo es fundamental, ya que implica que todas las partes de la sala son importantes. Sentarse en círculo genera en la gente una sensación de que todas las personas son igual de importantes.

En grandes grupos, la ubicación, la distribución del espacio y el uso de los micrófonos son temas importantes. Las personas con micrófono tienen mucho poder; la cuestión es cómo usar este poder en beneficio de la comunidad.

Yo prefiero colocar los micrófonos en los cuadrantes del círculo y mantener el centro vacío. Si pones el micro en el centro de la sala para que la gente salga a hablar, algunas se sentirán animadas a hacerlo, pero tener que salir al medio acostumbra a aterrorizar a la mayoría de personas. Cuando la gente puede hablar desde la periferia, en cierto modo, todo el mundo está en el centro. En un grupo grande pueden formarse varios círculos concéntricos.

En grupos muy grandes, esta distribución se convierte en un aspecto de la propia facilitación. Las compañeras de trabajo sujetan los micrófonos y se ocupan de acercarlos a la gente. Más tarde, si se entra en un debate sobre distintos temas, pueden ayudar en la facilitación interaccionando con la gente que parece querer hablar, preguntándoles, "¿Seguro que quieres hablar sobre el tema en cuestión desde este bando?". Si no hacéis esto, algunas personas pueden unirse formando un grupo en contra de uno de los bandos del debate. Tus compañeras de trabajo pueden ayudar a que todos los bandos sean representados y tengan la oportunidad de hablar.

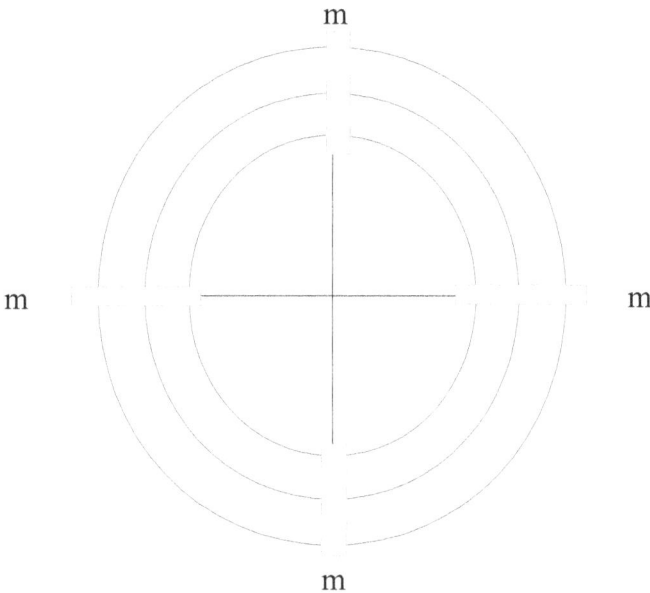

m

m   m

m

Distribución de un Foro Abierto:

La gente se sienta en círculos concéntricos:

"m" indica el emplazamiento de los micrófonos

En algún momento del comienzo, explica a la gente que participa que tú y tu equipo deseáis que hable gente de todos los bandos. La facilitación es un acto político, y la relación entre las compañeras de trabajo del equipo es parte de esta declaración política. Por ejemplo, la manera en la que Amy y yo nos relacionamos cuando trabajamos juntas (o la forma en la que nos relacionamos con el resto del equipo) transmite información sobre nuestra manera de entender las relaciones, el género, el sexismo, la heterosexualidad, el racismo, etc.

Si estás acostumbrado a hacer worldwork en grupos grandes, donde la gente toma la palabra espontáneamente, a menudo sin micrófonos, quizá te rebeles contra el uso de micros y el funcionamiento semilineal que imponen. Sin embargo, en un Foro Abierto de cientos de personas, con poco tiempo disponible, un estilo más ordenado puede ser útil para todo el mundo, sobre todo para aquellas secciones y posiciones dentro de la comunidad que de otro modo difícilmente tomarían la palabra.

Así pues, ayuda a la comunidad en general (y en particular a quienes distribuyan el uso del micro), a centrarse en los temas concretos y a que todo el mundo tenga ocasión de hablar. Si los miembros de la comunidad se conocen bien entre ellos y saben cuáles son sus puntos calientes, podrán soportar mejor las experiencias emocionales que están por detrás. Con el tiempo, los miembros de las comunidades trabajarán juntos, y llegarán a constituir un proceso auto-organizado consciente que se dirige a sí mismo, haciendo que la necesidad de designar facilitadoras sea algo del pasado. Esperemos que convertirte en una figura casi irrelevante (permitiendo a la organización que siga sin ti) sea uno de tus objetivos.

Percibe los roles fantasma

Antes de comenzar a ahondar en temas concretos, debes respetar los objetivos fijados por la comunidad, la visión del grupo, y el trabajo que quieren realizar. Respetar los objetivos y el estilo de una comunidad es como respetar su mente consciente. Si has mostrado respeto por esa mente, la comunidad estará más dispuesta a investigar hechos y experiencias que se encuentran más alejados de la conciencia. ¿Cuáles son estos hechos y experiencias?

Las experiencias más cercanas a la conciencia del grupo son los roles fantasma. Recuerda a los fantasmas (esa gente o eventos de los que se habla pero que no están directamente representados). Podemos encontrar a algunos de los fantasmas más habituales en las conversaciones cotidianas, y especialmente cuando se está hablando de conflictos, de robos, de abusos, de competitividad, de relaciones secretas, de miedo y celos de otras organizaciones. Un fantasma habitual es el monstruo identificado dentro de la organización o ciudad: es el "ella", "él", "ellos" o "ellas" que anulan deliberada o inadvertidamente al resto. Si este monstruo no se encuentra en la sala mientras se habla de él, interpreta tú su rol; señala que puede estar presente dentro de cada una de las participantes.

En los foros ciudadanos abiertos, las organizaciones e individuos se acercan sin dificultad al "límite" de lo que sienten que puede ser dicho. Los fantasmas y los límites son lo que convierte a los puntos álgidos en algo tan hermético, poderoso y volátil. Los puntos álgidos son los lugares en donde se encuentra el inconsciente de una organización, así que la manera en que una organización lidie con ellos determinará su futuro.

En un Foro Abierto sobre racismo, por ejemplo, el racista declarado a menudo se convierte en un "rol fantasma", al igual que "los líderes del gobierno", con sus actitudes horribles, especialmente cuando no hay miembros del gobierno en la sala. Por ejemplo, en un Foro Abierto en Washington, D.C., se hablaba de la insensibilidad del gobierno hacia las necesidades de la gente. El gobierno era, por así decirlo, el "fantasma residente" del foro, percibido como ausente en aquel momento.

Con conciencia, puedes ayudar a identificar roles fantasma como el gobierno, señalando que el gobierno no está solamente "ahí fuera", como una realidad externa, sino que también forma parte de nuestra realidad interna en este instante y en este lugar preciso. Puedes señalar que el gobierno defiende su punto de vista de manera polémica, utilizando debates racionales y discursos políticos que parecen adictos a la controversia. Este tipo de "gobierno" no parece interesado en una verdadera mejora de todos los presentes. ¡El gobierno es esa actitud que hay en la sala ahora mismo que no está interesada en el punto de vista de los demás! Puede que quieras interpretar el rol fantasma diciendo, por ejemplo, "Soy el gobierno, o el presidente. Como estoy aquí en este momento, quiero deciros que...". El modo de abordar los roles fantasma depende de tu estilo personal y de la apertura del grupo.

Hablar de este tipo de roles fantasma y puntos calientes constituyen intervenciones potentes y es mejor comunicarlas con delicadeza. Recuerda que la conciencia misma puede ser usada como una estrategia de poder en contra de las demás. Transmite al grupo lo que percibes; di que es simplemente un punto de vista, no un hecho. Puedes decir, por ejemplo, algo como "Me da la impresión de que el gobierno es una figura que no está siendo representada".

Sugiere una observación consciente tres veces y si no hay ninguna respuesta, plantéate que puede que aún no sea *el momento* de la comunidad para utilizarla. Por ejemplo, si nadie tiene interés o es capaz de profundizar en el rol fantasma del gobierno, tómalo como una sugerencia para ti y pon conciencia en tus propias actitudes gubernamentales. Dile a la gente, "Ups, esto debe formar parte de mi propio proceso. Mi forma de hablar se parece a la actitud del gobierno".

El que tus intervenciones conscientes funcionen o no, no depende de que sean buenas o malas, correctas o incorrectas, sino de que sean hechas en *el momento oportuno*. Quizá sientas que has encontrado la clave de todo y quieras que el resto lo vea lo antes posible. Pero para tu asombro y consternación nadie te escucha. Esto no significa que no tengas razón; sólo quiere decir que no es el momento. Espera unos minutos y la misma afirmación puede que funcione, o puede que no.

Cuando trabajo en un Foro Abierto, intento no utilizar "términos técnicos" como "límites", "puntos álgidos", "roles fantasma", etc. Mostrar tus conocimientos y tu dominio de este tipo de lenguaje es una especie de declaración política. Yo prefiero las políticas que usan un lenguaje común y corriente. En un Foro Abierto el lenguaje técnico no es lo importante; lo importante es la esencia del mensaje. Esa esencia es una comunicación abierta en un mundo que está interesado en todas las personas.

En vez de usar "punto álgido", por ejemplo puedes decir "Este momento ha sido muy emocional, ¿nos adentramos en él?" En lugar de usar "rol fantasma", puedes decir, "El gobierno está dentro de nosotros ahora mismo, en nuestra actitud".

Recuerdo un trabajo con un grupo en un centro de salud mental en el que había un problema con el "jefe". Decían que el jefe era un "verdadero dictador" que no tenía sentimientos. Como el jefe no se presentó a la reunión propuesta para tratar el tema, se convirtió en un rol fantasma. Viendo esto, Amy propuso que todo el mundo jugara el rol del jefe. De repente, toda la gente era más directa y no se andaba con rodeos; se volvieron distantes y frías en vez de comportarse como lo hacían normalmente, relacionándose con afecto entre ellas. Poco a poco, cada persona fue adquiriendo otra perspectiva del jefe y acabaron todas riendo. El estilo del jefe era justo lo que se necesitaba. En este caso, el poder de la corriente mayoritaria, el jefe, era un fantasma. ¡Y era un fantasma necesario!

Estilo semilineal y escalada

Usar un estilo semilineal puede resultar útil cuando se produce una escalada de tensión, lo que significa que la gente se deprime y se va, o vocifera y amenaza. Si usas un estilo semilineal, intenta, después de que uno de los bandos haya hablado, ayudar a que hable el otro lado y evitar que se quede en un segundo plano encogido de miedo. En una situación tensa, aunque no haya nadie del "otro bando" con la mano levantada, puedes preguntar, "¿Alguien del otro lado quiere decir algo?" Si nadie habla, puedes dejar tu rol de facilitador y decir, "Voy a adoptar este rol de forma temporal, ya que si no lo hago va a quedar excluido".

Los grupos y comunidades con una larga trayectoria tienen sus propias maneras de lidiar con los momentos de escalada de tensión extrema. En un Foro Abierto, tenemos una comunidad temporal formada por la gente que está presente (y por los fantasmas de "afuera" que no están presentes). Saber cómo trabajar con los momentos de escalada en un Foro Abierto es importante, ya que la gente se acostumbra a irritar, deprimir, atemorizar o desesperanzar con los conflictos no resueltos. Puedes modelar métodos para superar estos momentos conflictivos.

Llamemos *A* y *B* a dos posiciones imaginarias en un conflicto. Imagina que la posición del grupo *A* es "¡Guau, guau, guau!" y la posición *B* responde "¡Miaaaaaau!" Digamos que *A* y *B*, perro y gato, están realmente atascados. Ninguno de los dos está cediendo en lo más mínimo. El tono comienza a aumentar cada vez más y la gente empieza a asustarse. La violencia es inminente. ¿Cuál es el siguiente paso? ¿Salir corriendo hacia el monte?

¡No, sentarse en el fuego! Una manera de trabajar con esta escalada es dirigirnos hacia *B*, situarnos al lado de esta persona e intentar decir algo como, "Ciertamente, nuestra posición es Miaaaaau, ¡pero alguna gente de aquí también entiende la opinión de quien dice Guau!" Ahora ves hacia *A* y dile, "Para nosotras Guau es la única manera de proceder pero, después de escucharte, algunas de nosotras admitimos que Miaaaaau no nos resulta completamente ajeno".

Alineándote alternativamente con las dos posiciones, una pequeña parte de *B* escucha a *A* y una pequeña parte de *A* escucha a *B*, a pesar de que en un momento determinado las personas en las posiciones enfrentadas no lo quieran admitir. Como facilitador puedes pasar de un lado al otro y decir, "Sí, alguna gente de este lado entendemos una parte de lo que estás diciendo, pero la mayoría de nosotras no estamos de acuerdo contigo". Esto aumenta la fluidez del proceso ya que estás proporcionándole a la gente un modelo para superar el *límite*. Aunque no quieran admitir que están de acuerdo, en el fondo *sí* lo están. A veces las participantes no admiten estar de acuerdo con el otro lado por temor a ser vistas por su propio lado como traidoras.

¿Puedes recordar cómo te comportas cuando estás enzarzado en una discusión? Tu postura quizá es, "¡No estoy de acuerdo!" En cambio, si eres totalmente sincero contigo mismo, verás que de hecho una pequeña parte de ti si está de acuerdo con el otro lado. Nadie es únicamente un solo rol. Aunque nos cueste tiempo y esfuerzo admitirlo, también llevamos a las otras personas dentro de nosotras mismas.

Y todo esto nos conduce al tema más candente, ¡facilitar el cambio social! Pero no nos enfrentemos a esta cuestión todavía, esperemos hasta el próximo capítulo.

Cosas a recordar

1. Cuando estés a punto de comenzar un Foro Abierto, tómate un minuto para reconocer el sitio que has escogido y la lengua que utilizas, y piensa cómo esto puede marginar a algunas personas.

2. Empieza presentándote; comenta algo sobre tu estilo de comunicación y tu personalidad, cosas divertidas de ti, tus miedos, etc. Si no hablas de ti desde el comienzo (*brevemente*), el público te va a interrogar más adelante, pudiendo incluso llegar a atacarte.

3. Reconoce la diversidad y la cantidad de gente que ha venido, y agradéceselo.

4. Reconoce el sufrimiento. Especialmente en zonas de conflicto intenso donde han habido pérdidas y mucho dolor; debes reconocer la magnitud de lo que se va a hacer. Di algo como, "Vamos a hacer un Foro Abierto sobre esta cuestión, que es muy dolorosa. Alguna gente puede no querer ni pensar en este tema, y mucho menos discutirlo. Es por eso que no ha venido todo el mundo. Gracias a las que habéis venido".

5. Agradece a las élders y al resto por venir, agradece a tus ayudantes. Menciona el tiempo disponible para el foro; otorga cinco minutos para cada ponente invitado, y dos minutos a las intervenciones de todas las demás participantes. ¡Y sé breve tú también! Habla de tus objetivos, como por ejemplo que todas las personas se sientan seguras y respetadas. Ten en mente el objetivo principal: que la comunidad llegue a conocer las

distintas partes que la constituyen. Por extraño que pueda parecer, las comunidades no acostumbran a ser conscientes de su propia diversidad.

6. Trabajar con conciencia significa fijarse en el tiempo que hace (la atmósfera que se respira en el grupo en cada momento), lo que incluye darse cuenta de los roles (los actores temporales, como el "opresor", el "oprimido", el "terrorista", el "líder", etc.: cada grupo tiene sus propios nombres para estos roles), los roles fantasma (roles de los que se habla, pero con los que nadie se identifica), los límites (interrupciones en la comunicación), los puntos calientes (temas aparentemente prohibidos o tabú), y demás. Ten tacto al comunicar lo que estás percibiendo; deja que la gente y sus procesos te muestren cómo hacerlo. Recuerda que todo el mundo lleva dentro todos los roles.

7. Sugiere tus observaciones conscientes solamente tres veces. Si no obtienen respuesta, admite que no es "el momento" para la comunidad en su conjunto. Utiliza en este caso tu observación como una sugerencia para ti mismo. Dile a la gente, "Ups, esto forma parte de mi propio proceso, lo trabajaré en casa."

8. Durante momentos de escalada de tensión, intenta que no hable más de una persona a la vez. Si no funciona, recuerda la fórmula de los perros y los gatos: A en B, y B en A. Una pequeña parte de B está escuchando a A y una pequeña parte de A está escuchando a B, aunque puede que no quieran admitirlo.

Capítulo 5

Conciencia durante el ataque

Los Foros Abiertos son lugares en los que todas las participantes tienen la esperanza de mejorar el mundo. Algunas quieren descubrir la manera de lograrlo. Otras tienen ideas y planes que quieren compartir. Hay otra gente que espera abrirle los ojos a alguien o a algún grupo sobre algún tema en concreto. Por detrás de todo esto hay esperanzas de mejorar las organizaciones (empresas, escuelas, agencias etc.), de adquirir una mayor conciencia de la diversidad, y de lograr una distribución más igualitaria de los bienes y la justicia. No debería sorprender a nadie que el Foro Abierto a menudo sea una horno en donde se cocinan ideas nuevas.

Aquí tienes que utilizar tu conciencia con cuidado. Algunos hornos no están lo suficientemente calientes, mientras que otros lo están demasiado. Como facilitador, tu trabajo es sentarte en el fuego para que se cocinen ideas nuevas, pero evitando que se quemen. Necesitas la cantidad exacta de amor y calor. Cuál es "la cantidad exacta", sin embargo, es impredecible. Los métodos de este capítulo (enmarcar y permanecer centrado durante un ataque) deberían ayudarte a mantener el horno a la temperatura adecuada.

Muchas participantes creen que el fuego debe ser intenso para que sus puntos de vista sean recordados. Por ejemplo, los grupos que no forman parte de la corriente dominante sugieren con frecuencia que incomodar a la corriente dominante ayuda a crear conciencia sobre los temas de las minorías. Muchas activistas sociales saben que, una vez han expresado su punto de vista, las personas con poder y privilegios ignorarán estas cuestiones si no se insiste constantemente en ellas. Aquellas con privilegios huyen inevitablemente de las acusaciones de estar haciendo algo mal y de las peticiones de que sean más conscientes de las necesidades de quienes no tienen privilegios.

En algún momento u otro, cualquiera que ocupe un rol con poder social es identificado como tal y acusado de hacer un uso inconsciente de su privilegio. No hay como evitarlo; en cierto modo, examinar las diferencias es de lo que trata la democracia y la psicología. ¿Qué ocurre entonces? Normalmente, en un primer momento, quienes tienen privilegios huyen de esa identificación para encontrar un lugar donde poder respirar. Sin embargo, no pueden huir realmente de sus posiciones porque, lo quieran o no, tienen el rol de la "mente cotidiana" de la organización, su identidad y enfoque, del mismo modo que las activistas llevan el rol de la "mente marginada", luchando por el reconocimiento.

Esta fatídica confrontación entre las dos partes de la mente de la comunidad (su identidad primaria y sus partes marginadas) comienza habitualmente en un punto muerto, y va, a través del conflicto, hacia una sensación de mayor inclusión. Quienes están en el poder se aferran al poder y evitan las reuniones, y aquellas sin poder intentan acumularlo desde la retaguardia, por así decirlo. Conspiran para forzar la discusión sobre el tema, se frustran, se enfadan y finalmente se vuelven conflictivas o incluso aterradoras. Dependiendo de la situación y del grupo, las organizaciones pueden volverse tan volátiles que pueden desintegrarse. O pueden resurgir del caos.

A ti, como facilitador, te va a ir mejor si ya has trabajado los conflictos de la organización dentro de ti mismo; así tendrás mayores posibilidades de ayudar al grupo. El motivo evidente es que la facilitación requiere más cosas que las capacidades de facilitación; requiere estar muy centrado (es decir, mucho trabajo interno sobre cómo las diferentes partes de esta comunidad son diferentes partes de ti mismo buscando entendimiento, respeto y libertad).

TRABAJO INTERNO EN UN CONFLICTO EN PUNTO MUERTO

Si en este momento no estás trabajando con un grupo, piensa en alguna organización que esté ahora, o vaya a estar eventualmente, sufriendo un conflicto entre "el liderazgo" y el resto del grupo (como, por ejemplo, activistas que se marginan).

Imagina una confrontación entre estos dos bandos. Escucha con atención lo que están diciendo las personas de cada lado. En primer lugar, ¿qué dicen las líderes?
Líderes:

(Por ejemplo, las líderes pueden estar diciendo, "Estamos haciendo un buen trabajo, tenemos buenas intenciones, y estamos cansadas de que nos ataquen constantemente".)

¿Qué están diciendo las oponentes (o las activistas)?
Oponentes:

(Por ejemplo, "¡Vosotras queréis todo el poder y realmente no os importa la situación de las personas que habéis marginado!")

Ahora observa estas dos afirmaciones e intenta encontrar el núcleo, la esencia, de cada uno de los mensajes. ¿Cuál es la esencia de la idea de las líderes? ¿Y de la posición de las oponentes?

Esencia del mensaje de las líderes:_____
(Por ejemplo, "Somos buenas personas, dejad de hacernos daño".)

Esencia del mensaje de las oponentes:_____
(Por ejemplo, "Nos estamos protegiendo de vosotras. Odiamos ser tan duras, y nos relajaríamos si nos respetaseis y nos valoraseis más".)

¿Por qué cada bando tiene que ser tan dramático, tan drástico? ¿Puedes sentir cuál es el motivo? El motivo por el que las líderes se han puesto tan dramáticas es que:_____
(Por ejemplo, están asustadas de que la organización no funcione.)

Las activistas están drásticas porque:_____
(Por ejemplo, se sienten ignoradas como personas.)

Ahora déjame hacerte una pregunta dirigida a tu interior. ¿En qué sentido tu propia manera de liderar tu vida, a veces margina partes importantes de ti mismo? ¿De qué modo has estado marginando alguno de tus aspectos más profundos (y que por tanto se ha vuelto más dramático en su comunicación contigo)? Si no consigues responder estas cuestiones, piensa en el último sueño que puedas recordar. ¿Quién estaba en ese sueño? ¿Y que aspecto de ti mismo puede que esa persona represente?

Considera la posibilidad de que inconscientemente hayas proyectado tu propia psicología en aquel líder, o en aquel grupo marginado. ¿No eres, en cierto sentido, como esos dos grupos? ¿No tienes acaso un conflicto entre tu propio líder interno y tu propio oponente interno, que está luchando por sentirse reconocido y apreciado? ¿Cómo puedes resolver el conflicto dentro de ti?

Después de hacer este trabajo, puede que te sientas capaz de comprender los distintos bandos de tu comunidad u organización lo suficientemente bien como para defenderlos. De este modo, durante el foro, puedes ayudar a que se escuchen las cuestiones que plantean los grupos marginados, y favorecer así a que se produzcan cambios. Es más probable que sientas compasión por quienes están en el poder y permitas que defiendan su posición y, al mismo tiempo, permanezcas suficientemente abierto a los temas sobre los privilegios y el poder como para crear soluciones posibles.

Recuerdo cuando, hace unos años, trabajé con el dirigente de una gran corporación multinacional. La compañía estaba fracasando económicamente; estaba en un serio aprieto. Los empleados estaban profundamente insatisfechos y en rebeldía; algunos estaban incluso dejando sus trabajos. Para empeorar todavía más la situación del dirigente, su mujer estaba teniendo una aventura con uno de los empleados de menor rango. Antes de hacer un proceso grupal o un Foro Abierto con toda la compañía, decidí trabajar sobre mí mismo. Como en ese momento yo estaba en medio de dejarlo con alguien y empezar una nueva relación con otra persona, no tenía ningún problema en encontrar todas las partes de esta empresa en mí mismo. ¡Yo mismo era la corporación, el jefe, la mujer y los empleados!

Mi trabajo interno me llevó a entrevistarme en privado con el dirigente. Pensé que el empleado con quién su mujer estaba teniendo una aventura era una especie de rol fantasma. ¿Acaso la empresa y el dirigente necesitaban ese rol? Le pregunté qué era lo que su mujer encontraba tan fascinante en ese empleado. El dirigente me dijo que no quería conocer los detalles sobre lo que su mujer hacía en su tiempo libre. Le dije que lo entendía: ¿quién quiere ahondar en una situación dolorosa? y cambié de tema. Sin embargo, sintiéndose de repente más libre para examinar la aventura de su mujer, me confesó que ella le había dicho que este otro hombre estaba más interesado en el romanticismo y en el relax de lo que lo estaba él.

Esto fue el comienzo de la solución de los problemas personales y empresariales del dirigente. Sugerí que la corporación debía enfocarse en hacer que su producto fuese más romántico y relajado, y que el dirigente hiciese lo mismo consigo mismo. Los resultados fueron extraordinarios en todos los niveles. La empresa se volvió más relajada y mejoró de manera espectacular al conectar mucho más con lo que el público quería. ¡Los empleados fueron más felices y la relación del dirigente con su mujer también mejoró!

CUANDO EL OPRESOR SE CONVIERTE EN UN FANTASMA

Cambiar a quienes están en el poder no es siempre la clave para solucionar los problemas. A veces, aun cuando los grupos se vuelven más inclusivos, algunos miembros del subgrupo marginado pueden continuar presionando para que hayan más cambios. En estas circunstancias es importante considerar la posibilidad de que el opresor no sea un rol desempeñado exclusivamente por el el poder en la organización. El opresor también puede ser un rol fantasma que impregna *todo* el ambiente.

¿Cómo puede un opresor ser un fantasma? El fantasma del opresor que queremos frenar puede que no sea sólo una forma externa, sino también experiencias internas que se manifiestan en estilos de comunicación que insensiblemente "oprimen" a las personas. Los grupos dominantes siempre son acusados de insensibilidad. Por supuesto, en principio, desde el comienzo del conflicto, tanto la víctima como el opresor son roles, y no únicamente personas. Un rol *nunca* es una única persona o grupo. Por eso es por lo que todas estamos destinadas, en un momento u otro, a tomar responsabilidad de los cambios que necesitan hacerse en un rol determinado.

En cualquier caso, el rol del opresor es un "espíritu en el aire"; es la tendencia humana a ignorar a las demás. Los grupos democráticos todavía no tienen práctica en percibir la existencia de roles y espíritus. Hoy en día tendemos a identificar a los individuos con sus roles. Pensamos que el malo es esa persona o ese grupo externo a nosotros. Esta tendencia a exteriorizar "el mal" es una fase importante en la evolución de una comunidad. Gran parte de la historia consiste en revoluciones contra quienes que han abusado de su poder. Sin embargo, los pasos siguientes para crear una democracia más profunda, requieren también poner conciencia en los roles y espíritus del tiempo. Los roles se llaman con más precisión "espíritus temporales", roles colectivos que cambian con el paso del tiempo. Por ejemplo, el líder del gobierno es un espíritu del tiempo, ya que en cierto momento de la historia las líderes eran reinas, reyes y jefes mientras que en otro son funcionarios electos. Los espíritus del tiempo perduran, pero sus figuras cambian.

En otras palabras, el malo está ocupando el rol de una tendencia pasajera y cambiante. Puedes deshacerte de la persona, pero normalmente el rol perdura. Como no nos damos cuenta de esto, todavía nos afecta cuando encontramos al opresor en una figura externa. Esto se convierte en una noticia importante. *¡El criminal, el ladrón, el maleante, o el mentiroso fueron capturados!¡Cada día se identifica y encarcela a nuevas opresoras! ¡Viva! Sin embargo, su número es inagotable, en parte porque muy pocas de nosotras somos conscientes del opresor como un rol fantasma presente en el comportamiento de todo* el mundo.

Hasta ahora, el grupo marginado -llamémosle *B*- se ha estado quejando del grupo *A*, que es el que tiene el poder. Digamos que *A* simplemente no se da cuenta, o no puede ver, que cuando ignora las necesidades del resto está oprimiendo. El grupo *B* está pidiendo *cambios, cambios, cambios*. Digamos que finalmente *A* cambia un poco. Ahora *B* pide más cambios, y el grupo *A* cambia un poco más, cumpliendo lo que *B* ha estado pidiendo desde el principio.

Podría parecer que ahora todo está bien. Sin embargo, hay muchas situaciones en las que *B* continúa pidiendo cambios. Finalmente *A* se planta, negándose a seguir escuchando. *A* se irrita y asustado, se retira. *A* piensa, "Déjame salir de esta situación insoportable en la cual ya no puedo defenderme de *B*. ¡*B* me recuerda a un adolescente irascible!" *A* intenta abandonar la situación y planea venganza contra *B*.

Ahora la situación se intensifica. Cuando más silencioso se vuelve *A*, más se enfurece *B* y más piensa *A* que *B* se ha vuelto loco. *B* se vuelve peligroso, y tanto *A* como *B* se sienten víctimas del otro. ¡El mundo se ha convertido en un conflicto y tanto *A* como *B* se sienten víctimas! En un mundo de víctimas, tú, como facilitador, tienes que buscar al culpable en otro lugar: en los sueños. El culpable es un "fantasma": es decir, una figura que representa la manera en que las personas se comunican y se vuelven rígidas e insensibles al otro bando.

Sueños y niveles de conciencia

Utilizar tu conciencia para ver e interpretar los roles fantasma puede llegar a desatascar incluso los diálogos más antagónicos. Pero para ver los roles fantasma, necesitas distinguir entre niveles de realidad. Enmarca los temas que aparecen en el foro de acuerdo con el nivel de realidad al que puedan aplicarse.

Por ejemplo, cuando se trabaja la opresión, en algún momento el opresor es claramente una figura o grupo externo, pero luego, en otro momento, es una figura interna, o del mundo de los sueños; es decir, una forma de comportamiento. Por último, el opresor puede ser una energía, un poder inherente a estas figuras internas y externas.

Cualquier tema determinado tiene al menos tres niveles de conciencia asociados a él. Permíteme resumir estos niveles:

La realidad cotidiana, o realidad consensuada: Este es el mundo que las personas identifican como el real. En un Foro Abierto, la realidad cotidiana es el mundo de las personas y los acontecimientos, de las cifras y los hechos. Tienes el sector de la población dominante y el marginado. Las estadísticas y los números son la realidad cotidiana. El cambio sistémico ocurre cuando las personas comienzan a discutir cambios en la estructura y en las reglas de la organización, es decir, cambios en la expresión de la realidad consensuada.

El mundo de los sueños: Este es el mundo de las señales corporales y de fantasmas y roles que las personas casi nunca ven en sí mismas, y proyectan fuera en el mundo como agentes externos (que están o no presentes). El mundo de los sueños también es una realidad, pero no está consensuada. Por ejemplo, un estilo de comunicación opresivo puede ser un rol fantasma, parte del mundo de los sueños, proyectado sobre individuos o grupos opresores. La sinceridad, incluso Dios, o la Tierra pueden ser roles interpretados en el mundo de los sueños. Interpretar roles es un aspecto crucial del mundo de los sueños que toda organización debe experimentar en un momento u otro.

Esencia o suelo común: Consiste en tendencias energéticas fundamentales, en principios y experiencias universales, comunes y profundas (como la lucha por la supervivencia, la muerte, o la búsqueda de inmortalidad), que todos los seres humanos probablemente compartan en un momento u otro. La *conciencia de la esencia* es especialmente importante para quienes se sienten marginadas, ya que no están interesadas en las polarizaciones de la vida cotidiana.

El motivo para entender o definir estos niveles es que si hay un conflicto irresoluble en un nivel, siempre puedes ir a otro para encontrar su solución. Si en la realidad cotidiana todo el mundo es una víctima, se puede encontrar al opresor en el mundo de los sueños; es decir, en las señales corporales y en el comportamiento no identificado ni reconocido como propio. En el caso de *A* y *B*, el opresor está en los deseos de venganza de *A* y en la insistente exigencia de cambio de *B*.

Percibe y "enmarca" el nivel que domina actualmente. Por ejemplo, cuando todo el mundo se esté quejando de las demás, podrías hablar sobre la sensación de victimismo que hay en la sala, y mencionar que el opresor ha desaparecido de la vista y se ha ido al mundo de los sueños. Anuncia a todo el mundo que los sueños están a punto de comenzar, e interpreta una forma abusiva de comunicación.

Enmarca tu trabajo como *un sueño* e interpreta a las opresoras del mundo de los sueños de un modo evidente. Los sueños son un aspecto importante de la democracia profunda. En lugar de las danzas tribales antiguas, donde los pueblos bailaban con los espíritus de su entorno, ahora puedes "bailar" el opresor y el oprimido, en una especie de teatro para que todas puedan verlo.

Enmarcar ayuda simplemente a clarificar la imagen de lo que está ocurriendo. Enmarcar es un tipo de arte. Enmarcar algo como un sueño es simplemente una clarificación, una explicación para hacer visible algo que estaba oculto hasta el momento. Al interpretar el sueño, considera que el trabajo es teatro e implícate profundamente en él. Puedes aliviar muchas de las tensiones causadas por temas inadvertidos y permitir que las cosas avancen con mayor facilidad. Augusto Boal explica en detalle en su *Teatro del Oprimido*, *cómo expresó, mediante técnicas de psicología utilizadas en el teatro para generar cambios, las maneras de ver el mundo de los brasileños.*

Ten en mente todos los niveles de conciencia cuando estés tratando con cualquiera de ellos. Enmarca el nivel en el que está teniendo lugar la discusión; si no lo haces los niveles de conciencia lucharán entre ellos. Por ejemplo, al tratar los sueños, menciona que estás tratando sólo uno de los niveles de conciencia de la organización, el mundo de los sueños.

Si no lo haces alguien dirá, "Eh, aquí tenemos problemas reales; ahora no es el momento de soñar." O bien, al enfocarte en el cambio externo del nivel cotidiano, alguien puede decir, "El modo como están yendo las cosas está mal; el método es opresivo." Esto puede ser una petición para ser más conscientes del mundo de los sueños. Enmarca las cosas en términos de cambio sistémico o cambio del mundo de los sueños, dependiendo de lo que esté ocurriendo.

Recuerda el paraguas

Cada nivel necesita de los demás para funcionar. ¿Cuál es el sentido de la conciencia de unidad, esencia o suelo común si no puede ayudarnos a procesar los problemas y cuestiones de la realidad cotidiana? Enmarcar las cosas nos hace más conscientes de la diversidad de métodos y perspectivas y minimiza los enfrentamientos entre ellas.

Hay muchos aspectos distintos de las organizaciones bajo el paraguas de cualquier tema de un Foro Abierto. Como dije en el primer capítulo, una parte de tu preparación es familiarizarte con los distintos temas y con cómo están relacionados entre ellos en cada tema concreto.

A veces los aspectos de una organización pueden ser comprendidos mediante agrupamientos. Siempre hay al menos tres agrupamientos bajo el paraguas: (a) toda la organización (b) las relaciones interpersonales entre las participantes, y (c) la psicología de los individuos participantes. Todos los niveles requieren atención para que la organización funcione bien. Por ejemplo, los problemas interpersonales existentes pueden ser reflejo de la estructura organizativa. Casi nunca se dedica suficiente tiempo para arreglar las disputas interpersonales en las organizaciones. ¡Las fiestas no son suficiente!

Pongamos que aparece un tema interpersonal durante la discusión de una cuestión concreta en un Foro Abierto. Si el resto de participantes te permiten dejar la cuestión a un lado y enfocarte en los problemas interpersonales, puedes enmarcar esa decisión del modo siguiente: "Trabajemos esa cuestión de aquí unos minutos, pero permitamos antes que los temas interpersonales se resuelvan. Podemos volver a la cuestión que nos ocupa después".

No hay ningún problema social u organizativo que se pueda solucionar en un único nivel, y no hay tal cosa como un desvío de la cuestión principal. Por supuesto, según los procedimientos habituales, estos temas y cuestiones aparentemente externos están considerados "fuera de lugar". Sin embargo, un facilitador orientado a procesos sabe que la solución de cualquier tema concreto requiere considerar todos los temas y cuestiones. ¿Cómo podemos afrontarlos todos? Enmarcar clarifica la sucesión de acontecimientos de un modo sencillo, poniendo las situaciones en un marco que muestra los distintos paraguas, temas y aspectos de esos temas.

Por ejemplo, en el Foro Abierto sobre sexismo mencionado anteriormente, una lesbiana acusó a la facilitadora, la cual pertenecía a la corriente dominante, de enfocarse únicamente en las relaciones con los hombres. "Eres heterosexista", dijo la lesbiana. La cuestión es que la facilitadora no se dio cuenta de que la homofobia y el heterosexismo son temas complementarios bajo el paraguas del sexismo y debían ser mencionados para favorecer la conciencia de la diversidad. No puedes tratar el sexismo sin enmarcar también (es decir, sin hablar de) el racismo y la homofobia.

Cuando aparezcan diferentes temas y estos hayan sido enmarcados pregunta al grupo: "Tenemos varios temas. ¿Acabamos uno y luego vamos al siguiente? ¿O vamos a trabajar primero esta lucha interna dentro de la comunidad de mujeres, para luego volver al tema de este foro, que es el sexismo?" Podrás saber la respuesta por lo que dice la gente o por los sonidos que hagan.

RECONOCIENDO CONFLICTOS EN LOS SUBGRUPOS

Las participantes de un subgrupo a menudo discuten entre ellas durante los Foros Abiertos porque tienen distintos modos de exponer las cuestiones que les preocupan. Puedes enmarcar esa discordia diciendo: "Ese subgrupo nos está mostrando a todas nosotras como trabaja sobre sí mismo. Tomémoslos como modelo de diversidad".

Supongamos que unas empleadas con mandos intermedios que buscan reconocimiento de su jefe tienen un conflicto entre ellas. O bien, que participantes de un grupo minoritario luchando por el reconocimiento y la igualdad de derechos entran en conflicto durante un Foro Abierto o un proceso comunitario. Enmarca el desacuerdo dentro del subgrupo como una experiencia de aprendizaje fundamental para todas, independientemente de cuál sea el subgrupo en conflicto.

Imagina dos personas de un grupo marginado pelándose entre ellas justo en el momento en que están exponiendo su tema a la organización. ¡Qué momento más doloroso! Como facilitador de un Foro Abierto debes ser consciente de los distintos puntos de vista que tiene la gente con mayor poder social con respecto a los grupos marginados que entran en conflicto.

Un punto de vista es que los conflictos dentro de grupos minoritarios se deben a que todos los grupos marginados sufren una opresión interiorizada. Hay algo de verdad en esto; cada participante de un grupo marginado interioriza una sensación de marginación que ella o él recoge de la corriente dominante. Por ejemplo, muchos individuos que no comparten los rasgos característicos de la población norte europea (piel, ojos y cabellos claros) sienten que algo está mal con su aspecto. El conflicto interno de cualquier grupo marginado se debe, en parte, a la opresión interiorizada de los individuos que piensan que el aspecto europeo dominante es el mejor.

Otro punto de vista sobre el conflicto dentro de grupos marginados es que existe porque las personas de los grupos dominantes no se dan cuenta de su privilegio y no apoyan suficientemente a la comunidad marginada. O peor aun, aquellas en el poder, apoyan indirectamente el conflicto dentro del grupo marginado, al sentirse aliviadas cuando el problema está entre las "rebeldes", ya que quita presión sobre la corriente dominante.

Hay otro punto de vista sobre este tema que sugiere que, además de los factores válidos mencionados en esos otros puntos de vista, el grupo marginado necesita unificarse. En ocasiones, he visto que algunos grupos marginados apoyan el trabajo de concienciación para crear así una comunidad más cohesionada. Dicen esencialmente: "Estamos cansadas de pensar en la corriente dominante; trabajemos sobre nosotras mismas. ¡Es mucho más interesante!"

Un grupo que trabaja unido es un grupo imparable. Tiene el poder de conseguir lo imposible, no por ser una unidad estacionaria o armónica, sino por su habilidad para crear comunidad, al adoptar una perspectiva fluida sobre su propia diversidad.

Otro punto de vista más sobre los conflictos internos de los grupos marginados es que en parte están en conflicto entre ellos porque la comunidad no tiene un modelo sobre cómo solucionar un conflicto en un lugar público. Los grupos marginados tienen más experiencia, y a menudo son mejores en esto, que las secciones dominantes de una comunidad grande.

Tu proceso interno durante el ataque

Pongamos que has aprendido a enmarcar temas y a percibir los cambios del nivel de conciencia que tienen lugar bajo el paraguas. Te sientes preparado. Sin embargo, hay algo que no encaja fácilmente bajo el paraguas del tema del Foro Abierto: los ataques personales dirigidos contra ti.

Aunque probablemente hagas todo lo que esté en tus manos para evitar ser atacado, parece que no hay salida. Este tipo de ataques quizá sean inevitables, ya que, siendo seres humanos, los facilitadores se vuelven parciales sin darse cuenta, provocando el ataque de alguien o algún subgrupo de la comunidad que se siente olvidado. Si estás siendo atacado, admitir tu parcialidad puede crear una solución rápida y satisfactoria. Sin embargo, algunas atacantes no quedan satisfechas con las soluciones rápidas y puede que seas conducido a un debate sin darte cuenta. ¿Qué hacemos entonces?

En primer lugar, comparte con el resto cómo estás viendo la situación. Quizá ves lo que está ocurriendo como una oportunidad en términos de poder modelar cómo alguien con poder social en un contexto determinado (como tú mismo, por ser facilitador) puede transformarse y aprender de lo que está ocurriendo. Si formas parte del grupo marginado, quizá sientas la situación en términos de valores dominantes marginando a una comunidad determinada.

Independientemente de cómo veas la situación, si no puedes evitarla, entra en ella con plena conciencia. Sugiero que le pidas ayuda a alguno de tus compañeros de equipo para facilitar el debate. Después, aguanta la respiración, y dialoga con la persona que te acaba de atacar. Pregunta a las participantes si te permiten hacer esto, con la condición de que tu diálogo con el atacante no dure demasiado tiempo. Puedes añadir que esperas que este diálogo sea útil para todas, especialmente porque el punto de vista de tu atacante y el tuyo pueden ser dos roles centrales en los conflictos de la comunidad; roles, por lo tanto, que todavía no han sido suficientemente representados.

De este modo, puedes ser de ayuda al grupo, especialmente porque tus habilidades en el trabajo de conflictos puede permitirte escuchar y comunicarte con profundidad, gestionando temas de un modo que el grupo todavía no domina. Ser atacado públicamente no tiene ninguna gracia, pero puede ser manejado de un modo que beneficie a todo el mundo.

Quizá el ataque fue tan rápido que el atacante apenas es consciente de lo que ha ocurrido. Si el atacante no quiere, o no es capaz de entablar un diálogo contigo, todavía te queda la opción de hacer trabajo interno, esta vez en público. Esto significa mostrarles a todas tu proceso interno. Sugiero enmarcar esto antes, diciendo algo sobre cómo tu proceso interno puede servir de modelo para algo que todavía no ha ocurrido en el proceso grupal, y permitir que salgan a la luz sentimientos que todavía no se han expresado en el grupo.

Recuerdo a una mujer valiente que facilitaba un Foro Abierto sobre cuestiones relativas a las mujeres en una organización. En cierto momento, otra mujer la criticó indirectamente. La facilitadora preguntó al foro si podía enfocarse en lo que ella llamó su "crítico interno". No dijo nada sobre las críticas de la participante del foro, sólo decía que ella misma, como facilitadora, tenía que trabajar un problema interno entre una voz crítica y ella misma. Los participantes del foro se quedaron de piedra ante el cambio de enfoque: de cuestiones relativas a las mujeres a un tema del mundo de sueños. Sin embargo, el modo como la facilitadora fue capaz de enmarcar su petición capturó la atención de todas las participantes. Todo el mundo escuchó con atención como ella se describía como una persona muy sensible, mientras que su crítico interno era muy lógico.

Resumiendo la historia, el crítico interno le dijo que ella no valía para nada. En vez de deprimirse, su lado marginado "sensible", replicó, diciendo que los sentimientos son valiosos y cruciales para todas las organizaciones. Su trabajo interno se convirtió en una especie de lección para todas las presentes. Mejor aun, se sintió muy motivada, en lugar de deprimirse por el ataque indirecto. Su trabajo interno era al mismo tiempo personal y político.

RECUPERANDO TU EQUILIBRIO DESPUÉS DE UN ATAQUE

Todo el mundo tiene sus propios métodos para lidiar con un ataque público, incluyendo la represión y el intento de olvidar el insulto. Sin embargo, si tu objetivo es concienciar y crear comunidad, si la democracia profunda y traer los sueños a la vida son importantes para ti, entonces procesar el tema es la mejor manera de recuperar el equilibrio.

Recientemente alguien me criticó durante un gran Foro Abierto, diciendo que aunque yo afirmaba estar interesado en todos los individuos, ella se sentía completamente ignorada. El grupo ya había decidido ocuparse de un tema que a ella no le interesaba. Aun así, quería saber por qué yo seguía los deseos del grupo ignorando su tema individual. Nada de lo que decía parecía ayudarla. Así que después de pedirle a Amy que facilitase la situación, y de haber obtenido el permiso del grupo para entrar en un intercambio con ella de unos minutos, utilice mi conciencia y acepté el proceso que trataba de abrirse paso.

Admití abiertamente que su ataque me había dolido, e incluso admití que tenía ganas de llorar. Ella mantenía su posición, insistiendo en que la había ignorado. Cuando acabó, continué, diciéndole que llevar a cabo este tipo de Foros Abiertos no era fácil, y que con frecuencia tenía miedo. Cuanto más hablaba más me daba cuenta de lo agradecido que estaba a su ataque. Después de todo, nunca había mostrado tanto mis sentimientos ni me había quejado tan amargamente de lo difíciles que me resultaban los foros grandes.

Ya no me acuerdo del contenido de lo que ella dijo, pero si recuerdo que ella se quedó más que satisfecha. En ese momento ella y yo nos acercamos, e incluso nos abrazamos. Me sentí muy conmovido cuando más tarde y en privado, ella se disculpó por haberme atacado en público. Me explicó que en el foro no se había dado cuenta de hasta que punto me había sacrificado por la situación.

Tenía razón en varias cosas. Había sido marginada por el proceso del grupo, del mismo modo en que yo había marginado mis temores. Además, el facilitador es un rol, un tipo de autoridad que representa a grandes grupos, y como tal, puede ser utilizado (sacrificado) por las participantes del grupo que se sienten marginadas en el foro. Es valiente e importante para los individuos tomar la palabra y tener la oportunidad de interaccionar con sus lideres, facilitadores y finalmente con todo el grupo. Si más grupos permitiesen este tipo de interacciones, quizá habría menos violencia en el mundo.

Tus estados de trance

A veces, ocurre algo durante un Foro Abierto que te confunde o que incluso te hace sentir ausente, como si "no estuvieses del todo ahí". No hay nada malo en estar ausente, relajado y dejando las cosas a un lado. Sin embargo, si quieres saber más sobre los estados de trance inducidos por los encuentros públicos considera las siguientes posibilidades.

Una posibilidad: Los estados de trance son realmente estados de confusión debido a dos opiniones internas sobre ti mismo que entran en conflicto. Por un lado, has sido criticado, y por el otro quieres defenderte pero sientes que no deberías hacerlo. El resultado es que el ataque y la defensa luchan dentro de ti, mientras que afuera sólo se ve a una persona en una especie de trance, con una expresión ausente en su rostro.

Otra posibilidad: El trance está intentando moverte a un nuevo nivel de conciencia. En este caso, deberías profundizar en el trance, sentirlo con más intensidad. Date permiso para sentirte desapegado de tu situación emocional y del Foro Abierto. Tales estados pueden ser el principio del sentimiento, "La vida está bien; no me necesitan todo el tiempo; la comunidad misma sabe lo que es mejor. Saldré de este estado si me necesitan".

Muchas situaciones, nos llevan a estados de trance, en parte, para reducir el impulso instintivo que tenemos de salir airosas de ellas. Profundizar en la experiencia del trance te puede llevar a un estado en el que esperas a que se desarrolle lo que tenga que ocurrir, en lugar de intentar *crear* lo que tú piensas que debería ocurrir.

Sé claro sobre tus cambios de rol

Fluir con tus propios estados de conciencia y utilizar tu atención en un Foro Abierto, te permite abandonar en cualquier momento el rol convencional de facilitador y convertirte en otra cosa. ¡Cambiar de roles es parte del proceso de todo ser humano! Hazlo *conscientemente*. Si en cualquier momento sientes que tu concepto de facilitador está comenzado a transformarse, *enmarca* la situación y acompaña la transformación cambiando de rol.

Ya he mencionado cómo puedes pasar de ser un facilitador que está principalmente interesado en las demás, al rol de alguien trabajando interiormente sobre sí mismo. O puedes adoptar cualquier rol e interpretarlo en el foro, sobre todo si nadie más lo está haciendo. Si el cambio de rol dura más de un minuto, enmarca la situación y pide a alguno de tus compañeros de equipo que faciliten. Di simplemente, por ejemplo, "estoy saliendo de mi rol de facilitador, y ahora estoy entrando en mi rol de activista social. ¿Podrías tú, por favor, ser el facilitador?"

O puede que quieras adoptar un rol de profesor y enseñar algo. Di, "De acuerdo, ahora como profesor quería decir..." La cuestión es que tú y las demás tengáis claro cuando cambias de rol. Sin esta claridad, alguien del público te puede acusar con justicia de abusar de tu posición para afirmar alguna cosa.

Alguna gente quizá diga, "No puedes entrar y salir de los roles. Después de todo, tu eres el facilitador". Puedes responder admitiendo que tienen razón, en lo que se refiere a la realidad cotidiana. ¡Sin embargo, en lo que se refiere a los sueños, cualquiera puede ser, y normalmente es, casi cualquier cosa!

Enmarcar las cosas normalmente hace más fácil que un grupo acepte tu fluidez. Asegúrate de enmarcar las cosas antes de hacerlas. Así, si a alguien no le gusta lo que querías enseñar, pueden atacar al rol de profesor y, por suerte para ti, no atacarán al facilitador.

Vigila los aplausos

No hay nada más natural que aplaudir para mostrar reconocimiento por alguien que ha dicho algo valioso en un Foro Abierto. Sin embargo, aplaudir sólo es bueno para aquel que está siendo reconocido. El bando contra el cual se ha hecho el comentario se va a sentir atacado. Como participante, me encanta aplaudir al bando que más me gusta. Aplaudir es una expresión política. A veces mi aplauso incluso tiene un poco de represalia contra el otro bando. Se puede aplaudir con la intención de destruir al otro bando.

Sin embargo, como facilitador, debes prestar mucha atención a lo delicados que son estos momentos; normalmente son puntos álgidos. El bando que es despreciado por los aplausos va a buscar venganza, tarde o temprano. Según mi experiencia, las personas que son despreciadas permanecen en silencio una media de veinte minutos. Después viene su contraataque contra todo el Foro Abierto: "Éste es un lugar horrible y no se ha conseguido nada bueno".

Por lo tanto, cuando algunas personas aplaudan, enmárcalo diciendo "Muchas personas valoran lo que se acaba de decir; no obstante, no me olvido del otro bando". Así creas conciencia hacía todos los bandos.

EN EL SILENCIO

Si hay una pausa durante el Foro Abierto, y nadie dice nada, ¡disfruta el descanso! Considera las siguientes posibilidades:

> Quizá la gente simplemente se está relajando.
>
> Quizá se ha resulto alguna cuestión, y se necesita poner un nombre al tema resuelto.
>
> Quizá se teme continuar el camino emprendido.
>
> Quizá ha ocurrido algo innombrable. ¡Punto álgido!
>
> Quizá la gente tiene miedo de hablar porque teme ser atacada por las autoridades una vez haya acabado el Foro Abierto.

Hay muchos tipos de silencio. Si el silencio te incomoda, explóralo internamente y quizá en voz alta. Si sospechas que el grupo está nervioso, o cerca de un punto álgido

> **Vuelve a la última persona que habló, y trata de recordar su mensaje**
>
> **Comprueba cualquier doble señal que esa persona haya dado o esté dando. ¿Acaso sus palabras dijeron una cosa y su cuerpo otra? ¿Habló de la esperanza pero con aspecto encorvado y deprimido?**
>
> **Vuelve a la doble señal e imagina cuál pudo ser su esencia. ¿Qué había dentro de esa depresión? ¿Era cansancio?**

Menciona, por ejemplo, "Que sonrisa más misteriosa tienes. ¿Me pregunto si la esencia de esa sonrisa no puede haber sido un secreto o una sensación prohibida de alegría ante lo que estaba ocurriendo?" O bien, "¿Hay una sensación secreta de desapego o es acaso condescendencia?"

Si tu lectura de la doble señal es errónea, los gestos de la otra persona probablemente te corrijan. Si tu intención es buena, es poco probable que la persona se sienta insultada ante la lectura incorrecta. Recuerda explicar que tú realmente no sabes qué significan el silencio o la doble señal, pero que estás buscando el siguiente paso del proceso. Y por último, ¡quizá el silencio del grupo indica que los procedimientos han terminado! Enmarca eso y di, "¡Ha llegado el momento de relajarse!"

Sistemas inmunológicos de las comunidades

Los momentos emocionales en un Foro Abierto son bienvenidos por algunas personas mientras que otra gente los puede sentir como que apaciguan los ánimos en lugar de hacer cambios concretos, como desvíos irritantes del "verdadero trabajo". Recuerda a la joven adolescente que en un foro sobre sexismo habló sobre cómo había aprendido a amarse a sí misma y a su primera menstruación.

Todo el mundo se quedó muy conmovido.

Un activista social puede decir, "No nos limitemos a sentirnos bien juntas; recordad los problemas reales que hay ahí fuera". Enmarcar este tipo de momentos conmovedores puede dar valor al propio momento y también al siguiente cambio sistémico. Di, por ejemplo, "aunque los estados emocionales parecen antagónicos a la acción social, en realidad, son simplemente distintos niveles del mismo trabajo comunitario. Los momentos dulces nos dan coraje para provocar el cambio social".

Las comunidades que se reúnen para comer, festejar y soñar juntas, pueden trabajar mejor los cambios de la organización. Si nos imaginamos a una comunidad como un cuerpo, entonces "soñar juntas" puede ser considerado como su sistema inmunológico, un sistema que resuelve los problemas actuales e impide que aparezcan otros. Del mismo modo, mi proceso de sanación si me corto en una mano, depende en parte de mi sistema inmunológico.

Los problemas de la comunidad son así. ¡Los problemas inmediatos (por ejemplo, violencia, furia, catástrofe financiera, desesperanza, sexismo, racismo o discriminación por edad) necesitan primeros auxilios, acción social! Pero, los problemas no pueden ser curados si el sistema inmunológico de la comunidad no está funcionando adecuadamente. Las comunidades con las defensas altas responden con rapidez, porque las personas se gustan las unas a las otras. Han vivido algo que las ha unido. Las empresas, escuelas y organizaciones así, funcionan sin complicaciones.

Los grupos y organizaciones con mucho sufrimiento están diciendo que sus sistemas inmunológicos están débiles. Con tales grupos, es particularmente importante cambiar de nivel, utilizar la conciencia, volver una y otra vez a los sueños, y animar a los individuos y organizaciones a estar orgullosas de sí mismas por afrontar todos los niveles del conflicto. Y quizá conviene recordarles que el cuerpo necesita la enfermedad para fortalecer su sistema inmunológico. Es ahí cuando se desarrollan los anticuerpos que vencerán a las infecciones futuras. En otras palabras, los problemas son el camino más rápido a la curación.

COSAS A RECORDAR

1. **Un marco hace que una imagen resalte. Del mismo modo, enmarcar las cuestiones, los temas, y los niveles de conciencia aporta claridad a los procedimientos. Por ejemplo, enmarcar el trabajo como perteneciente al mundo de los sueños; hablar de opresores como fantasmas en caso que el opresor no se vea a sí mismo como tal.** *Interpreta* **a las opresoras para el Foro.**

2. **Si los miembros de un subgrupo entran en conflicto entre ellos, enmarca eso diciendo, "Ahora ese grupo nos está mostrando a todas cómo crear comunidad. Tomémoslo como un modelo de diversidad".**

3. **En cualquier momento puede que quieras cambiar de rol y dejar la posición de facilitador. Hazlo conscientemente y comunica a las demás lo que estás haciendo.**

4. **Si te atacan, establece un diálogo con quien te atacó, y pídele a algún compañero de tu equipo que facilite. Esto puede ser de ayuda para todas, especialmente si el punto de vista de tu atacante y el tuyo son dos roles centrales en el conflicto y por tanto, roles que no han sido suficientemente representados. Ser atacado públicamente no tiene ninguna gracia, pero puede beneficiar a todo el grupo.**

5. **Presta atención a los aplausos. Por muy bueno que sea el aplauso para quien lo recibe, el bando contrario se siente agredido.**

6. **Procesar los problemas puede ser la mejor manera que tiene una comunidad de fortalecer su sistema inmunológico ante**

problemas futuros. Si aparecen momentos de unión, valóralos, ya que fortalecen el sistema inmunológico de la comunidad.

CAPÍTULO 6

Terminando con por qué empezaste

Tanto si tu Foro Abierto es el primero de una serie de discusiones como si como si es un único debate aislado, siempre es difícil de cerrar. ¿Cómo decir adiós cuando acabas de decir hola? Sin embargo, llegó el momento. Felicidades, casi has terminado. Fue increíble. Habló gente a la que nunca habías oído antes. ¿No es acaso la especie humana impresionante, inexplicable, horrible, magnífica, espantosa, impredecible, predecible, encantadora? ¿No te gustaron? ¿Te emociona el momento de cerrar? ¿Vas a echarlas de menos?

El Foro Abierto ha hecho aflorar temas, ha visibilizado partes de la comunidad que eran invisibles, y ha encauzado conflictos que estaban sumergidos. Esta visibilidad es un camino hacia las soluciones que se pueden alcanzar si se lleva a cabo mucho trabajo de conflictos. Por esto es por lo que el único objetivo razonable para un primer encuentro (a menos que en este grupo concreto ya se haya trabajado mucho) es el de sacar temas a la luz, descubrir problemas sumergidos, y diseñar soluciones. Pero espera, todavía no has acabado.

Quedan diez minutos

Enmarca y anuncia el final. "Nos quedan diez minutos y recién empezamos a descubrir distintos aspectos de nosotras mismas. ¿Qué falta por hacer? ¿Quién no ha hablado aún? ¿Quién hará qué? ¿Dónde y cuándo lo haremos?"

Si planteas las cosas que todavía tienen que ocurrir y no las dejas para el último momento, mucha gente se va a sentir aliviada. No olvides los temas y las personas debajo del paraguas que todavía no han sido mencionadas. Si no te acuerdas de ellas, van a surgir en el último momento, como víctimas tratando de sobrevivir. Por lo tanto, diez minutos antes de acabar, es importante mencionar que sabes que esta gente aún no ha hablado. Esto les da la oportunidad de hablar y de que sus temas no queden marginados.

Recuerdo trabajar en un Foro Abierto grande organizado para tratar un incidente racial ocurrido en Eugene, Oregón. Durante una hora y media nos focalizamos en temas afroamericanos, considerando también los intereses asiáticos e hispanos, pero descuidamos el dolor de unas pocas personas musulmanas que estaban allí y también sufrían racismo. En el último minuto, una mujer musulmana nos hizo darnos cuenta de nuestra inconsciencia. Fue innecesariamente amable con nosotras; nos elogió, pero de forma constructiva criticó la manera en que tuvo que llamarnos la atención ya que inconscientemente habíamos marginado los problemas de la gente musulmana.

Al terminar, la pregunta principal que debes hacerte es "¿Por qué empecé?". Recuerda el motivo que te llevó a realizar este Foro Abierto. ¿Qué te impulsó a hacerlo? ¿Cuál fue el sueño que te incitó a trabajar con un grupo grande?

Si al final le cuentas a la gente el motivo por el que hiciste este trabajo, algunas personas sentirán que una parte de ellas está siendo reflejada. Por ejemplo, puedo pensar: ¿Qué es lo que quería? Deseaba que la gente viniera a reflexionar sobre sus propios puntos de vista y los de las demás.

Creo que todas las comunidades se sorprenden al descubrir el poder de la diversidad que antes habían ignorado. Menciona el progreso de la comunidad hacia su conocimiento de la diversidad. Aquí tienes algunas sugerencias más:

Habla de la conciencia adquirida. Al final del foro puedes comentar "Hoy hemos descubierto los temas a, b, y c y hemos encontrado maneras de abordarlos más profundamente. Casi al final han aparecido temas nuevos, que sin duda estarán en la agenda de futuras asambleas de la organización". Recuerda alimentar a la parte del pensamiento convencional de la mente de las participantes que quiere preceptos y normas. Reitera las sugerencias que se han articulado de forma directa o indirecta.

Menciona que se han sugerido soluciones; algunas han propuesto hacer esto o aquello. Y otras han propuesto otra cosa. Todas estas soluciones son importantes. Ahora "dibuja" un círculo alrededor de todas las propuestas con una frase que las incluya y las englobe, diciendo "De todos modos, lo más importante es que ahora estamos más cerca de ser una comunidad".

Explica lo que has aprendido. "Me doy cuenta que he aprendido muchas cosas distintas." Sintetiza tus aprendizajes en el nivel en el que los has advertido. "Creo que tendrían que darse los siguientes cambios a nivel sistémico. Quizás podamos tener más Foros Abiertos en el futuro." Recuerda todos los cambios sistémicos y organizacionales que tendrían que darse. He notado que se necesita un cambio sistémico, un cambio económico y social. (Por ejemplo, "Nuestro grupo necesita reglas y normas nuevas o cambiar las antiguas", o bien "Nuestro grupo debería contactar con otros grupos para crear interconexiones", etc.) ¿Quién trabajará en cada tema? O puedes decir, "Vamos a revisar qué ha pasado aquí y cómo podría aplicarse a nuestra ética del trabajo". (Se puede crear, por ejemplo, un grupo para monitorizar situaciones dolorosas.)

Habla del reino del mundo de los sueños. Puedes decir, "Queda trabajo por hacer con respecto a las opresiones internas. En un primer momento es algo que no se ve, pero es un aspecto crucial de todo el trabajo. Algunas de nosotras hemos hablado; otras sienten que aún no se han expresado. Algunos silencios son oro, y otros son resultado de una opresión interiorizada. A muchas de nosotras nos apetecerá hablar más tarde de esto con otra gente".

A menudo, trabajar temas psicológicos internos es nuevo para la gente. Muchas personas no hacen este tipo de reflexiones. Explícales de forma sencilla cómo hacerlo. Recuérdales que en su interior hay un proceso de grupo continuo y que en sus sueños encontrarán figuras que representan, por ejemplo, los valores dominantes, y también figuras de culturas marginadas. Pídeles que expresen las dos partes, que hablen con las dos partes de sí mismas, para facilitar así el "Foro Abierto interno" que está teniendo lugar dentro de cada persona continuamente. Coméntales que sin un Foro Abierto *interno*, sus cuerpos sufrirían una tensión constante, tan tensa como la vida exterior. ¡Vivan los Foros Abiertos!

Habla de las relaciones personales en el día a día ¿Qué te parece si hubiera más conciencia en la diversidad de las relaciones interpersonales? Puedes contar a tus amigas cómo funcionan los Foros Abiertos y pensar sobre cómo vuestras relaciones se ven influenciadas por las diferencias de clase social y raza, finanzas y orientación sexual, miedo y coraje. Puedes decir, "¿Qué os parece hacer más Foros Abiertos en esta escuela (o puesto de trabajo, o ciudad)?". Sugiere hacer un Foro Abierto en la próxima celebración religiosa o familiar. En lugar de tener simplemente un encuentro con la familia, sugiere organizar un Foro Abierto sobre un tema importante en tu familia. ¡Puede ser increíble!

Genera redes. Hacia el final del Foro Abierto, distribuye folletos con números de teléfono de personas de la organización o de la ciudad a las que se pueda llamar en caso de que alguien necesite ayuda más adelante. Incluye números de teléfono de asistencia jurídica y de derechos humanos, y un número de contacto para gente que pueda necesitar ayuda personal después del Foro Abierto. Las comunidades tienden a cuidarse a ellas mismas, pero en el caso de que alguna no lo haga, debes ofrecer tu ayuda después del foro o sugerir algunas personas que puedan apoyar a la gente. Puedes decir, "Si necesitáis ayuda después de este foro, o tenéis preguntas, podéis contactar con miembros de la comunidad como José, Sandra, etc. ¿Alguien más se ofrece para ayudar?".

Ponte en el lugar de las asistentes. ¿Si tuvieras preguntas sobre lo que has aprendido en el Foro Abierto, o preguntas personales sobre ti, no te gustaría tener a alguien con quien hablar? Quizá tú y otra gente (incluyendo a las gente de tu equipo) podríais sentaros en un rincón de la sala y contestar este tipo de preguntas. (Voy a proponer trabajo interno para tu equipo al final de este capítulo.)

Acepta los chismes. El proceso más natural al final de un Foro Abierto es que la gente comente lo que ha pasado. Los grupos se forman de manera espontánea. Puedes acompañar este proceso preguntando, o tratando de adivinar, los temas que se van a comentar después y de camino a casa. Aconseja a la gente interesada en estos temas que se reúnan brevemente al final del foro en algún lugar concreto de la sala.

Para saber de antemano que grupos podrían reunirse, considera,

Los temas relacionados con los puntos álgidos

La necesidad que algunas participantes puedan sentir de hablar en persona con las ponentes invitadas en pequeños grupos

Grupos interesados que quizá preparen un nuevo Foro Abierto

Puedes sugerir

"La gente que quiera comentar un punto caliente, puede reunirse en aquel rincón de la sala."

"La gente que quiera hablar con el ponente A, pueden reunirse en la otra esquina", y así sucesivamente.

Por ejemplo, en un Foro Abierto que hicimos en Oregón, habíamos invitado a un neo-nazi, y esto generó muchos murmullos. La gente no le permitía hablar en público y lo abucheaba. Sin embargo, justo después de que terminase el foro, la mitad de la sala se reunió a su alrededor para averiguar que tipo de pensamientos "maléficos" tenía. Cuando el neo-nazi se fue a un rincón de la sala, le siguió un montón de gente interesada en hablar y discutir con él.

A veces la gente quiere reunirse en un rincón y discutir tu estilo de facilitación, hacer preguntas, sugerencias, etc. Tienes que estar en este grupo, al menos unos minutos. En caso de que los temas aún estén hirviendo, a veces es bueno decir, "A quién le apetezca seguir hablando de esto, que se reúna ahí, por favor".

En un Foro Abierto con una organización, puedes recomendar incluso que alguien tome notas de lo que ha sucedido (siempre y cuando no vayan a haber represalias contra nadie por lo que se pueda llegar a decir). Después se pueden recopilar las notas y crear un boletín de la comunidad llamado *Notas del Foro Abierto*. Os garantizo que toda la gente va a leerlo. Y mejor aún si se publica en internet o se difunde vía correo electrónico.

Futuras colaboraciones. En foros grandes, con frecuencia algunas organizaciones se interesan en generar algún tipo de colaboración en el futuro. Puedes haber intuido este interés durante la investigación previa que hiciste sobre la naturaleza de la organización. Puedes ayudar a que este interés en colaborar se desarrolle creando un marco para el trabajo conjunto. Recomienda maneras de trabajar en red; crea una lista de contactos de correo electrónico y de teléfonos. Sugiere a estas organizaciones que se reúnan en un rincón de la sala para discutir su bagaje común y cómo podrían llegar a ser "ramas separadas" del mismo árbol.

Después de un Foro Abierto se pueden usar métodos semilineales específicos para trabajar con los grupos pequeños, siguiendo los conceptos de Café diálogo o las tecnologías de Espacio abierto[1]. Para foros pequeños, puede ser útil el Café diálogo, donde la gente se sienta en mesas de cuatro con un trozo de papel como mantel. Después de veinte minutos tres de las cuatro personas cambian de mesa, comparten lo que han aprendido y toman más notas. Después de unos cuantos cambios de mesa, se recopilan las notas y se obtiene un registro de los descubrimientos. La metodología de Espacio abierto es similar. La gente crea grupos de interés en torno al tema principal. Después se lleva a cabo una lluvia de ideas en cada grupo y se registran los descubrimientos y las soluciones en papel. Al final se recopilan todos los papeles (Atlee 2001).

El momento final. Al finalizar, describe en qué punto estáis como grupo. Puedes mencionar: "Estamos acabando en un límite de la comunidad; el siguiente paso será sobrepasarlo, para permitir que el proceso siga adelante. Hoy han hablado algunos miembros o subgrupos, la próxima vez serán otros". O bien, puedes decir: "Estamos acabando y vamos a dejar cuestiones abiertas ya que hemos descubierto que necesitamos más información. ¿Quién va a tomar la responsabilidad de conseguir la información que falta y transmitirla al resto?", etc.

Siguiente foro. Puedes comenzar a planificar el siguiente encuentro sugiriendo un sitio y una hora. Anúncialo ahora, antes de despedirte. Si este primer encuentro ha destapado distintos aspectos del problema, propón un posible tema para el segundo foro. Puedes llamarlo, por ejemplo: "Qué podemos hacer para mejorar las cosas". Explica que el objetivo es escuchar atentamente lo que en realidad está ocurriendo y, llegado el momento, plantear soluciones nuevas y creativas para los temas concretos. Pregunta quién puede contactar con líderes políticos y de la comunidad que esta vez no han podido asistir.

Imagínate un tercer Foro Abierto. Este podría tratar sobre "¿Qué hemos hecho hasta ahora y qué podemos hacer a partir de ahora?". En este tercer encuentro puedes preguntar: "¿Paramos aquí? ¿Seguimos con esto en grupos más pequeños? ¿Deberíamos invitar a más gente, o incluso a toda la comunidad, para este foro?".

Al finalizar, recuerda a la gente de organizaciones empresariales y comunidades que todo el mundo necesita sentirse seguro. Pide a la gente con poder que no se menosprecie a nadie por lo que haya dicho en el foro. Recuerda al grupo que alguna gente ha hablado desde un rol, y pueden no querer ser responsabilizadas por el contenido de lo que puedan haber dicho.

Agradece a la gente el haber venido. Después de todo, han dedicado su tiempo a esto; puede que les diera vergüenza venir. A lo mejor querían cambiar el mundo. Recuerda la psicología individual. Mucha gente tiene que luchar con ella misma para levantarse y hablar, para defender sus opiniones. En ciertos casos, algunas personas pueden haber arriesgado sus puestos de trabajo o incluso sus vidas. Menciónalas en este momento. Dales las gracias. "Gracias a quienes habéis hablado e interactuado. Vuestra capacidad para hablar sobre estos temas nos permite seguir avanzando".

Haz una lista de los diversos grupos de la comunidad y de los métodos de los Foros Abiertos, y muestra tu apoyo. Agradece a estos grupos, y menciona que las cosas buenas que se han estado haciendo en este foro han sido posibles, en parte, gracias al trabajo que hicieron anteriormente. Sugiere que colaboren (o sigan colaborando) entre ellos en un futuro. Explica a la gente que no forma parte de estos grupos cómo pueden involucrarse.

Para terminar, puedes decirles, "Ya hemos hablado suficiente, vayamos a descansar, a comer o a bailar. ¡He traído galletas!". ¡Éste es el momento más profundo del trabajo orientado a procesos en comunidades!

EL AGRADECIMIENTO POR TU TRABAJO

Cuando dejes el Foro Abierto, si eres como la mayoría de las facilitadoras, esperarás que se te agradezca el trabajo que has hecho. Sin embargo, los Foros Abiertos no son como dar una conferencia o hacer un discurso. Si has hecho un trabajo realmente bueno, ¡la gente creerá que lo hicieron *ellas!* Así pues, en un Foro Abierto, es bastante usual que las participantes ignoren a las facilitadoras. Puede ser que nadie te agradezca tu trabajo. Pero seguro que recibes el apoyo de tu equipo. Puede ser que poca gente te dé las gracias: poca gente agradece al sol por salir después de un día triste.

La gente valora el sol, pero siente que la naturaleza hizo el trabajo, o que la comunidad hizo el trabajo. Si creen que *ellas* hicieron el trabajo, sé feliz. Tu trabajo fue satisfactorio desde el punto de vista taoísta. En un sentido más amplio, nadie "hace" nada, y nadie debe recibir las gracias; es el poder de la vida quien hace el trabajo y necesita el reconocimiento.

Antes de dejar atrás el tema del agradecimiento, consideremos otra posibilidad. Tu necesidad de que te reconozcan puede ser un rol dentro de la comunidad. Puede ser que la gente no sea suficientemente amable entre ella. En ese caso, no dudes en levantarte (si la situación lo permite y tu trabajo de conciencia te indica que hay frustración) y decir, "¡Maldita sea! He estado trabajando duro. ¡He estado pensando en esto durante varios días hasta bien entrada la noche y quiero que me lo agradezcáis! ¿Es que no hay nadie amable por aquí?". ¡Esta es la mejor forma de llegar al fantasma que no está dispuesto a dar nada a nadie!

Después resume los resultados del Foro Abierto para las participantes. Estos resultados acostumbran a incluir

> Tomas de conciencia personales que no se pueden medir

> Cambios en casa y con los amigos

> Más conciencia sobre temas relacionados con la diversidad

> Cambios en la comunidad o la organización (posiblemente más salud, menos violencia, más estabilidad financiera)

> Nuevas colaboraciones y foros

Tu trabajo interno después del foro

Cuando acabe el foro, tú y tu equipo tendréis muchas cosas de las que hablar. Buscad un momento para reuniros (o hacedlo por correo electrónico) con el fin de consolidar los aprendizajes y aclarar la mayor cantidad posible de cosas que hayan entre vosotras. Ayudaros a ser claras a nivel personal, trabajad los temas interpersonales que puedan haber surgido entre vosotras, poned en común lo que hayáis aprendido en el foro, y haced una lista de los cambios que queréis hacer en vosotras mismas de cara a futuros foros. Utilizad cualquier tipo de trabajo interior y de relaciones que os pueda ser de ayuda, y/o probad el siguiente ejercicio.

Como los problemas abordados en el foro no están sólo fuera, sino que continúan dentro de tu psique después, parte de facilitar un foro abierto es completarlos dentro de ti como si se tratara de un proceso de grupo (y con tus compañeros de equipo, como grupo, durante la evaluación) al finalizar el foro. El siguiente trabajo interno puede ser de ayuda.

1. Recuerda a la persona o grupo que durante el Foro Abierto te ha asombrado o molestado más; da igual el motivo. Centrémonos en una de esas personas que te ha molestado. Escoge una. Recuerda cómo era y cómo se comportaba. Escribe algo sobre su comportamiento. ¿Era alguien demasiado agresiva, escandalosa, insensible, etc.?

2. Al menos durante un minuto o dos, imítala, siéntate como ella, actúa como ella, y, finalmente, sé ella. Siéntate como se sentaría, y háblate a ti mismo de la misma manera en que ella te hablaría. Intenta adentrarte en sus sentimientos, aunque sea sólo un poco. Intenta ver las cosas desde su punto de vista, después adopta su punto de vista.

3. ¿Qué cosas son relevantes y acertadas de su punto de vista, de su forma de pensar? ¿Acaso a veces, aunque sólo sea muy de vez en cuando, no piensas o sientes las cosas de la misma forma? Trata de identificar esas ocasiones.

4. ¿Cuál es el género de esa persona, su raza, orientación sexual, edad, nacionalidad, formación y clase económica? ¿En qué sentido estas características sociales o designaciones juegan un papel, en los sentimientos que te despierta esta persona, y la parte de ti que ella representa? Debes hacerte estas preguntas, ya que algunos de tus sentimientos y proyecciones están vinculadas a cuestiones sociales. ¿Qué tipo de poder y privilegios sociales tiene (o no tiene) que tú no tienes (o sí tienes)?

5. ¿Cómo puedes utilizar el comportamiento, y el poder que tú proyectas en esa persona? Puede que seas capaz de usar el poder que representa de una manera nueva, e incluso mejor de como lo está utilizando ella. Toma nota de cómo te gustaría usar este poder en ti mismo.

6. Ahora imagina que te vuelves a encontrar con esa persona y fíjate en cualquier cambio en tus sentimientos hacia ella.

Considera e imagina de qué forma puede cambiar a partir de ahora tu relación con ella. ¿Será más directa, más suave, habrá más entendimiento?

Algunas veces, la gente más difícil en un Foro Abierto no son participantes sino los miembros de tu propio equipo. Esto no tendría que sorprenderte, ya que el equipo es un reflejo del mundo, de la misma manera que los problemas del mundo y del equipo están también dentro de ti. En cualquier caso, si hay conflictos entre los miembros del equipo, puede que compartir este trabajo interior resuelva estos conflictos y ayude a todo el mundo a crecer independientemente como personas y conjuntamente como equipo.

Cosas a recordar

1. **Diez minutos antes del final, avisa: "Nos quedan diez minutos, y estamos recién empezando a descubrir distintos aspectos de esta organización. ¿Cuál es el siguiente paso? ¿Quién no ha hablado aún? ¿Quién hará qué? ¿Cuándo y dónde lo haremos?"**

2. **No olvides decir que sabes que hay gente y grupos que aún no han tenido la oportunidad de hablar. Este reconocimiento les da la oportunidad de hacerlo y asegura que su silencio no se convierta en venganza contra el grupo.**

3. **La pregunta principal que debes hacerte cuando estés acabando un Foro Abierto es "¿Por qué empezaste? ¿Por qué estabas interesado en hacerlo, qué te llevo a hacer este trabajo?" Habla sobre lo que se consiguió en el el foro y lo que no. ¿Cuál era el mayor sueño que tenías con respecto al trabajo de grupos grandes?**

4. **Haz un resumen de los conocimientos adquiridos en los distintos temas: "Hoy, hemos reafirmado o descubierto los temas a, b y c".**

5. **La parte lineal de la comunidad quiere recetas. Si tienes alguna, o se han generado algunas en el Foro Abierto, reitéralas. "Esto es lo siguiente que se tendría que hacer." Reitera también cualquier cambio organizacional o sistémico que se tenga que**

llevar a cabo. "Observo que se necesita un cambio sistémico (legal, económico). ¿Quién puede trabajar en esto?" También puedes añadir, "Vamos a reflexionar sobre lo que ha pasado aquí y cómo lo podemos aplicar a nuestra ética del trabajo".

6. Habla sobre lo que has aprendido, agrupando los aprendizajes según el nivel en el que los has percibido: "Se tendría que trabajar la opresión a nivel interno". O puedes decir, "¿Qué tal si hacemos más Foros Abiertos en la escuela (o lugar de trabajo o ciudad)?" Sugiere a la gente que haga un Foro Abierto en su próxima celebración religiosa o familiar.

7. Pasa a las participantes del foro números de teléfono de personas de la organización o ciudad que puedan echar una mano después de que éste haya terminado. Incluye también contactos de asistencia jurídica y de derechos humanos.

8. Al final del foro, sugiere áreas de encuentro dentro de la sala para profundizar en algunas cuestiones, incluyendo los puntos álgidos.

9. Anuncia un posible tema para el segundo foro; titúlalo "Qué podemos hacer para mejorar las cosas". El objetivo podría ser escuchar con más atención lo que está pasando realmente y, si es posible, encontrar soluciones para el tema que tratemos.

10. En un tercer Foro Abierto, puedes proponer un título como, "Qué hemos hecho hasta ahora y cómo continuar".

11. Siempre que pienses en un Foro Abierto, recuerda que es tanto un proyecto a nivel interno como a nivel externo. Todo tiene que ver Contigo, la comunidad. Esta es la manera de agradecer al Gran Espíritu.

PARTE II

_____

Una segunda revolución

CAPÍTULO 7

El activista psicosocial

En la primera parte de este libro nos hemos preparado para el Foro Abierto y hemos visto cómo conducirlo y concluirlo. Se dieron unas cuantas indicaciones referentes a la conciencia lo suficientemente generales como para ayudarte en tus primeros foros. Por otro lado, a medida que te relajes y te desarrolles como facilitador, aumentará tu habilidad para percibir lo que está sucediendo. Esta segunda parte propone ideas más avanzadas sobre la conciencia y el desarrollo personal.

Aprendiendo de los Foros Abiertos

Cuando me veo a mí mismo o a otras personas haciendo cualquier tipo de trabajo con grupos grandes, el activista que llevo dentro se emociona tanto al ver que se está usando el nuevo paradigma de democracia profunda, que dejo de pensar en las cosas nuevas que podría estar aprendiendo. Aunque, el simple hecho de hacer este trabajo ya es una experiencia increíble de aprendizaje.

Pero incluso el mejor de los paradigmas se desgasta rápidamente si no tiene alguna clase de procedimiento de aprendizaje incorporado. El estudiante que llevo dentro, que quiere aprender cosas nuevas, se pregunta, "¿Qué podría hacerse mejor?" Entonces recuerdo: la retroalimentación es la maestra del estudiante de procesos. Los maestros del worldwork son los acontecimientos mismos. Si tienes lo que el místico islámico Rumi llama una actitud abierta de "dar la bienvenida" a la vida, los eventos en sí mismos son tus maestros.

Como el worldwork es conciencia de la diversidad, me pregunto a mí mismo durante y al final de cada encuentro: ¿Cuán consciente estuve, a nivel de la realidad consensuada, de la gente y de sus temas? ¿Fui consciente de los fantasmas de la realidad de los sueños? ¿Qué he aprendido del relato de la organización? ¿He adquirido algún conocimiento de sus sueños, de su cuento de hadas emergente?

Descubre el relato de la organización (o la ciudad)

¿La organización está recién empezando a conocer sus fantasmas y sus temas? ¿Está en medio de un cuento de hadas repleto de problemas cotidianos, heroínas, fomentadoras de conciencia y activistas? Ahora es el momento de crear un relato de todo esto. Quizá algunas participantes o personas del equipo puedan ayudarme a formular esta historia.

Del mismo modo en que las personas quieren conocer sus mitos personales, las organizaciones también buscan el cuento o relato en el que están viviendo; es decir, la versión expandida de su realidad cotidiana que incluye a cada persona, fantasma, diablo y duende. ¿Cómo se entrelazan los temas del grupo con los celos y el dolor, el amor y Dios? Siento que aún no sé lo suficiente de una organización, hasta que soy capaz de contar su relato emergente, hasta que puedo decir algo parecido a lo que sigue:

> Había una vez, hace no mucho tiempo, una ciudad maravillosa (o una organización) que estaba inquieta a causa de ciertas personas, temas y problemas. Todo el mundo estaba nervioso y tenía miedo. Alguna gente opinaba que la situación no era mala, otras personas estaban muy preocupadas con lo que estaba ocurriendo.
>
> Entonces, un día, alguien percibió o soñó que había un fantasma en el bosque, un fantasma del pasado o del futuro. Una niña pequeña, que aún no sabía que los fantasmas daban miedo, fue al bosque y habló con ese ser. El fantasma dijo, "Ah, me habéis olvidado, vuestro mundo no se da cuenta de que yo también estoy aquí. Por

lo menos al final me habéis descubierto. Dales a las demás el siguiente mensaje. ¡Estoy aquí!"

La niña estaba encantada con su nuevo amigo y llevó el mensaje a la comunidad. Pero mucha gente no quiso escuchar. Otras querían ignorar al fantasma. La niña dijo, "Escuchar al fantasma nos ayudaría". Para abreviar la historia, diré que unas cuantas sí escucharon, y eso aumento la sensación de comunidad de todas las personas. Lo que pasó exactamente fue que...

Aprende de los eventos, entrelázalos, y cuenta el relato. Puede que incluso predigas el futuro.

Descubre tu esencia

Incluso habiendo aprendido de los eventos externos, siento que aún no he aprendido suficiente a menos que haya aprendido también, a partir de mi propio comportamiento, quién soy yo *realmente*, cuál es mi propia esencia. No te conocerás a ti mismo hasta que no estudies tus propias acciones como facilitador y sientas la esencia de tu forma de actuar.

Digamos que algunas de tus acciones o comportamientos como facilitador pretenden cambiar el mundo, salvar a un grupo, vencer a otro, fomentar la armonía, etc. Aprender sobre la esencia de tu comportamiento significa descubrir sus raíces. ¿Qué hay por debajo de la acción externa?

Podemos suponer, por ejemplo, que si quisieras salvar a un grupo que está luchando contra otro, la esencia de tu comportamiento sería despertar tu conciencia y la de las demás, y crear un sentimiento de comunidad y una sensación de seguridad. Si aprendiésemos de tu comportamiento, y adivinásemos su esencia, te sentirías profundamente comprendido.

El núcleo o la esencia de tu estilo (por ejemplo crear un hogar o una comunidad) es la raíz de los sueños de quién eres tú. La mayor parte de tu comportamiento se remonta a esta esencia. La esencia de tu estilo particular como facilitador es lo que das y traes a este mundo. La gente puede olvidar tus palabras, pero no olvidarán la esencia de tu energía. Tu esencia es lo que finalmente llega a la gente, es lo que funciona, con independencia de los métodos que hayas aprendido.

Puedes aprender worldwork, puedes aprender cómo conducir un Foro Abierto, pero harás todo esto mejor si lo haces desde la esencia de tu propio estilo individual. Así pues, después de cada asamblea o reunión, pregúntate sobre tu propio estilo, y sobre la raíz o núcleo de este estilo. No lo cambies, vive esta esencia con conciencia, identifícate con ella. ¿Creas comunidades, traes justicia, eres un ángel camuflado, un revolucionario? Cualquiera que sea tu naturaleza, sé su estudiante y su representante.

EL EQUIPO COMO CHAMÁN

El siguiente paso en el aprendizaje del trabajo con grupos grandes es pensar sobre tu equipo y reconsiderar el significado del trabajo en equipo. Como ya he dicho varias veces en la primera mitad de este libro, tu equipo capta las vibraciones y refleja la atmósfera psíquica de la comunidad. De alguna manera, tu equipo es como un chamán, el cual, por definición, toma la enfermedad de su paciente y la resuelve dentro de sí mismo. El trabajo interior que propuse al final del capítulo 6 puede ser de ayuda para este trabajo "chamánico".

Una metáfora convencional de equipo es la de un grupo escalando una montaña. Cada persona debe asegurar a la siguiente, si no, todas caen. Si una resbala, mueren todas. Sin embargo, un equipo de worldwork es diferente. Su objetivo no es llegar a la cima, sino *seguir a la naturaleza*. El éxito en worldwork se mide con otros parámetros.

Mientras que los equipos convencionales ven un "resbalón" como un fallo, un equipo de worldwork considera el resbalón como El Camino – es decir, como una manifestación del Tao de toda la comunidad. Si el objetivo es la conciencia (incluyendo la de la diversidad), el éxito no se mide en términos de alcanzar la cima. El éxito se puede redefinir y experimentar en relación al grado de conciencia que se tenga sobre lo que está pasando. Si ha habido un "resbalón", ¿qué podemos aprender de él?

Cuando hay trabajo en equipo, las integrantes respetan las diferencias entre ellas. Una persona puede decir, por ejemplo "Mi colaborador haría tal cosa en esa situación, pero por mis propias creencias yo prefiero seguir otra dirección. Quizá somos dos roles en el ámbito de este Foro Abierto". Los equipos de worldwork entienden su propia diversidad no solamente como hechos, sino también como roles de los que todas las personas pueden entrar y salir.

Compañeras de trabajo modelando soluciones

Si los miembros de un equipo aspiran a la conciencia, las consecuencias siempre van a ser sorprendentes. Amy y yo, hemos recibido diferentes tipos de apoyo de nuestras compañeras de trabajo en medio de puntos álgidos, que me han impresionado. Sé que desde fuera, a veces puedo ver cosas que ayudarían al facilitador que está liderando. Sin embargo, a veces me olvido de que esto sigue siendo cierto cuando soy yo quien está delante.

Durante un Foro Abierto grande, el grupo estaba trabajando en el racismo de la ciudad. Una pareja afroamericana se levantó y explicó que cuando se quejaron a las autoridades de la escuela de su zona del racismo existente entre las alumnas, se negaron a escucharlas, alegando que se estaban exagerando el problema. Esto llevó a una tensa discusión en el foro sobre qué hacer con el sistema escolar. Durante la discusión, una de las integrantes de nuestro equipo se ofreció para modelar una solución a la cuestión. Habló de las dificultades que tuvo, como madre de una niña afroamericana, cuando se enfrentó al sistema escolar. ¡Qué importante fue la ayuda de esa madre (y compañera de trabajo) para desatascar la situación en la que se encontraba el Foro! Todo el mundo se sintió aliviado.

Después, para mi sorpresa, ¡llegó más ayuda! Dos miembros más del equipo pasaron al centro de la sala e interpretaron un diálogo hipotético con el sistema escolar. Delante de toda la gente, mostraron justamente lo que tenía que ser dicho para desatascar la situación.

La interpretación de roles de nuestras amigas proporcionó sugerencias prácticas a las madres, padres, y a la gente en general, sobre cómo interactuar con ese sistema escolar aparentemente insensible. Además, transformaron el estancamiento con las autoridades escolares en una tarea creativa y factible.

Los "-ismos" de los intelectuales

Parece que en todos los foros siempre hay alguien que adopta el rol del "experto intelectual sereno". Es muy típico que esta persona insulte a la gente que está alterada por la situación menospreciando sus sentimientos e insinuando que fueron simplemente incapaces de entender "los hechos". Pueden llegar a decir, "¡Todo es cuestión de despertar intelectualmente!" Esta actitud irrita a la mayoría de la gente y genera conflictos en varios niveles. En primer lugar, hay un conflicto de estilos entre la gente intelectual y la emocional y, en segundo lugar, se puede generar un conflicto entre distintas formas culturales de expresar puntos de vista.

Recuerdo un Foro Abierto sobre racismo en el que un hombre explicó que había arriesgado su vida por proteger a algunas personas de los insultos de skinheads racistas. La policía, al tratar de apaciguar el conflicto con los skinheads, hirió involuntariamente al hombre que ahora estaba hablando en este foro. Una mujer tomó la palabra y desestimó fríamente el sufrimiento del hombre, diciéndole que tendría que haber entendido que la policía sólo estaba haciendo su trabajo. Según su opinión, el hombre herido por la policía no debería quejarse ni de ellos ni de los skinheads, sino pensar en la definición de la palabra "racismo".

Tranquilamente, la mujer leyó la definición del diccionario: "El racismo es la creencia de que la raza es el principal factor determinante de los rasgos y las capacidades humanas y que las diferencias raciales otorgan una superioridad inherente a una raza en particular". Su tono académico marginó cualquier tipo de sentimiento. Mientras el hombre estaba sufriendo en un rincón, la intelectual expuso su conclusión: "En un país libre si algo no te gusta eres libre de discriminarlo. Mira, lo dice el diccionario".

Una facilitadora afroamericana tomó la palabra, reaccionando duramente contra su frialdad. La intelectual se quedó petrificada. Para equilibrar la situación, una facilitadora blanca, compañera de equipo de la afroamericana, se puso del lado de la mujer intelectual, que no sabía qué decir, y habló por ella. Las tres personas, las dos facilitadoras y la intelectual, debatían en el centro de la sala. Las facilitadoras representaban los dos roles en conflicto, el rol activista social y el intelectual, mientras la mujer que adoraba el diccionario estaba de pie al lado de la facilitadora que representaba su posición.

El rol intelectual dijo, "Dejadme hablar, ¡tengo muchas cosas que enseñaros!" El otro lado, (secundado por el público) dijo, "No, tu manera de abordar el tema nos margina y eso nos duele. ¡Actúas con sentimiento de superioridad!" El bando intelectual insistía en que la clave era la precisión. Las activistas no estaban de acuerdo y respondían que la precisión es un estilo particular de la corriente dominante, que puede ser útil en algunas circunstancias, pero que menosprecia el sufrimiento de la gente en posiciones minoritarias.

La interacción entre las facilitadoras que interpretaban ambos roles resolvió las cosas, y se llegó a una resolución temporal. Fue impresionante ver cómo dos facilitadoras resolvieron el tema para el resto de la comunidad. Enmarcaron el conflicto como una divergencia de planteamientos. Esto clarificó el sentimiento de superioridad que emanaba del rol intelectual. Una perspectiva más amplia de esta interacción podría ver a las adversarias como si estuviesen trabajando en un conflicto global entre distintas clases económicas. Ser frío emocionalmente se considera normalmente "mejor" (es decir, de una clase socioeconómica superior), que expresarse de un modo calurosamente emocional. Lo que quiero subrayar, sin embargo, es que las compañeras de equipo pueden enmarcar ciertos puntos de vista como reflejos de la diversidad de personalidades y culturas, y desbloquear conflictos potencialmente letales que aparecen entre personas con estilos aparentemente irreconciliables.

Hay otros aspectos interesantes de este conflicto que podemos tomar en consideración. Por ejemplo, concediendo a la intelectual el beneficio de la duda por un momento, podríamos decir que la esencia de su mensaje es hacer la vida más democrática, más desapegada y menos dolorosa. Por otro lado, la esencia de la posición del activista es hacer que la otra se dé cuenta de su sentimiento de superioridad, el cual reduce los temas dolorosos a una mera discusión académica. Lo que señala el activista es que tratar una cuestión de racismo de una forma despegada y "objetiva" *es* una cuestión de privilegio– del que goza especialmente la gente blanca académica – que permite decir: "Te están golpeando pero no te alteres, ¡están en su derecho!"

ESTILOS LINEALES Y NO-LINEALES

Los Foros Abiertos en las comunidades con diversidad tienen que tratar con distintos estilos de comunicación, tanto personales como culturales. Aunque el foro generalmente usa un estilo más lineal que los procesos de grupo abiertos, también debes dedicar tiempo a las interacciones emocionales no-lineales. Al principio se pide a la gente que se enfoque en los temas centrales del foro, una intervención tras otra. Esto establece en el comienzo un estilo de comunicación lineal, lo cual transmite una valoración de la estrategia de la corriente dominante, que consiste básicamente en que una persona hable después de otra. Es inevitable que, bajo estas circunstancias, algunas ponentes aprovechen la ocasión para leer discursos que han preparado con antelación.

Tras este formato de apertura, las exposiciones de puntos de vista y el posterior diálogo se vuelven más espontáneas e interactivas; y la gente puede empezar a hablar a la vez. Comienzan las interacciones emocionales, y no siempre podrás suponer que las dinámicas interpersonales que van de "a" a "c" pasan por la ruta "a, b, c." A veces debes dejar que el diálogo emocional haga su propio recorrido, ya que están involucrados los sentimientos y asuntos básicos de cada persona. Ir a este nivel más profundo ofrece mayores posibilidades de esclarecer los problemas relacionados con los sentimientos y crear soluciones sostenibles.

Para ayudar a las participantes en la transición entre las experiencias lineales y no-lineales del foro, puedes recordarles, como facilitador, que pueden haber diálogos espontáneos, en los que los discursos preparados, por buenos que sean, raramente sintonizan con el momento.

Personalmente me gustan los dos estilos, el lineal y el no-lineal, aunque todo el mundo tiene una capacidad limitada para seguir el no-lineal. Yo también tengo mis límites, por supuesto. Nunca olvidaré un proceso en un grupo grande que tuvo lugar en Río de Janeiro hace algunos años. Cuando llegó el momento de la discusión en grupo, después de las presentaciones más formales, ¡todo el mundo empezó a hablar a la vez! Decenas de voces llenaban la sala y yo no podía seguir lo que estaba pasando, y mi problema no se debía a que la gente estuviera hablando una lengua que para mí fuese extranjera.¡Estaban hablando en inglés!

La razón por la que no podía seguir lo que estaba pasando era que yo estoy acostumbrado a usar la parte lineal de mi mente para entender lo que la gente hace. Y esta manera lineal no servía en Río. Y lo que me sorprendió incluso más, fue que al cabo de unos minutos, cuando todo se calmó, me di cuenta que todo el mundo, excepto yo, había entendido lo ocurrido. Las diferencias culturales son maravillosas.

Todos los estilos culturales e individuales son valiosos y necesarios. Hay estilos lineales como los que representan las *Reglas de orden de Robert,* y hay estilos que son más emocionales. La tabla siguiente resume las diferencias entre los métodos puramente lineales que, a la fuerza, marginan los no-lineales, y los métodos de democracia profunda, los cuales tienden a incorporar tanto los estilos lineales como los no-lineales.

Métodos lineales	Métodos de Democracia Profunda
Se basan en la contención y en el uno a uno, en una progresión "a, b, c"	Se basa en la conciencia de la diversidad, que incluye la necesidad tanto de contención como de libertad, adaptándose a las necesidades de cada momento
Se adhiere a un orden o secuencia preconcebidas, lo que refleja una jerarquía implícita	Conciencia del avance, retroceso o movimiento en diagonal de un orden cambiante
Cese de las hostilidades: la resolución y la paz son concebidas como el objetivo	La paz es concebida como una etapa en el transcurso de un proceso que valora tanto el desacuerdo como el amor

Como la democracia profunda es un *procedimiento de toma de conciencia,* resulta difícil describirla como un programa que pueda ser aplicado de manera lineal. Si bien se respetan los métodos lineales, el desarrollo de los acontecimientos resulta impredecible ya que el facilitador, en principio, sigue la naturaleza del momento. Aquí hay algunas otras cuestiones relacionadas con esto:

Escuchando el enfado. El facilitador del Foro Abierto necesita ser capaz de entender la esencia, o el mensaje más profundo, que hay por debajo de lo que la gente dice. Por ejemplo, las participantes de un foro que se encuentren en una fase activista pueden plantear preguntas irritantes para las que no existe una respuesta.

Por ejemplo, cualquier respuesta que se dé a la pregunta "¿Por qué no sabéis más sobre nosotras?", será errónea. La pregunta es una especie de trampa; de hecho, no es ni siquiera una pregunta. Es más bien una expresión indirecta de angustia y frustración. La solución es permitir que surja la frustración y la angustia que hay detrás de la pregunta. El mensaje básico que está dando el activista es "No me gustáis, ya que me estáis haciendo daño, directa e indirectamente, de las siguientes maneras..."

También podrías dirigirte a estas personas y decirles "Des de el otro lado os pedimos que vuestra forma de hablar sea más razonable. Entiendo la esencia de lo que nos estáis diciendo; os estamos humillando socialmente y eso debe terminar". Busca la esencia que yace por debajo de cada mensaje. El enfado es importante, pero no es el elemento crucial; la gente se enfada si se ignora la esencia.

Aprendiendo de las alborotadoras. En los Foros Abiertos encontramos a menudo personas que parecen ser sencillamente alborotadoras; están en desacuerdo con todo por principio. No se comportan así únicamente en los Foros Abiertos; hacen esto con todo el mundo, siempre. A veces esta gente se percibe a sí misma como portadora de "la verdad", o como el individuo heroico que puede hacer frente a todas y a todo, incluso a los grupos grandes.

Confunden la situación. Hay veces en las que incluso les preguntan a las facilitadoras por qué han organizado el Foro Abierto. Pueden preguntarte cuáles son tus objetivos quince minutos después de que los hayas explicado. Recuerda que en el paradigma de la democracia profunda, ellas, también, son necesarias. Puedes luchar contra estas personas, pero te sugiero que también intentes disfrutarlas. Intenta ver su conducta como un rol dentro del grupo: el rol del impugnador que emerge cuando el grupo no se hace cargo de sus propias dudas y su pesimismo.

Un impugnador que aparece regularmente en los Foros Abiertos, por ejemplo, dice, "Toda esta charla no nos lleva a ninguna parte. Esto parece un gallinero". Si no te tomas el comentario de un modo personal, sino que se lo devuelves al grupo, alguien en algún momento va a contestar, "Queremos probarlo. Después de todo, en esta comunidad, nada de lo que hemos probado hasta ahora ha dado resultados". A menudo, lo que pasa es que entonces la comunidad va a esforzarse *realmente* en encontrar soluciones consensuadas, en parte sólo para derrotar a esa voz cascarrabias.

Por qué no soportas escuchar a algunas personas. ¿Has escuchado alguna vez a un activista criticando al gobierno? Dirá que el gobierno es malvado, autoritario, burocrático, autocrático, patriarcal, y totalmente opresivo. A menudo hay algo en este activista que irrita a todo el mundo excepto a los otros pocos activistas que le aplauden.

Entender los distintos niveles de esta comunicación puede ayudarnos a evitar lo peor (para el grupo). El activista habla de una realidad externa, pero no es consciente de que su polémica (su estilo contencioso de hablar) *es en sí misma el fantasma del "gobierno"*. Su comportamiento patriarcal puede ser subyugador o, como mínimo, represivo. No le puedes culpar de nada, ya que el contenido de sus palabras no admite discusión. Como tú y otra gente escucháis principalmente el contenido de lo que está diciendo, no lográis entender por qué no os apetece seguir escuchándole. La respuesta es sencilla. El viejo fantasma del represor está presente en su estilo de comunicación, que carece completamente de cercanía y compañerismo.

Puedes facilitar estos momentos, ayudando a la transformación, al menos temporal, si profundizas en las declaraciones del activista. Adoptando el rol del activista, puedes decir, "Algunas de nosotras, activistas, estamos hablando de la política externa y el daño que genera la inconsciencia de los liderazgos patriarcales e insensibles". En otro momento, cuando crezca la resistencia hacia el activista puedes decir, "Como activistas, hemos estado hablando básicamente sobre realidades externas. Pero algunas de nosotras estamos interesadas en el gobierno *del mundo de los sueños*, es decir, el "enemigo interior", el comportamiento patriarcal que pasa desapercibido, por ejemplo, en lo que refiere a estilos de comunicación".

Después puedes adoptar el comportamiento de este gobierno *de los sueños* mostrándote opresivo, y preguntar a la gente cómo lidiar con las actitudes dominadoras. Mientras hablas como si fueras este "enemigo interno", puedes explicar que tú, interpretando esta figura, ¡pretendes atemorizar a la gente y mantenerla subordinada a tu poder! Puedes añadir que no estás haciendo esto sólo porque eres un persona sedienta de poder, sino también porque los temas que se están examinado ahora mismo están tan reprimidos por todas las demás, que no tienes otra opción que ser aparentemente intratable en la insistencia de tu punto de vista.

EL ACTIVISTA PSICOSOCIAL Y LA SEGUNDA REVOLUCIÓN

Detrás de tus distintas intervenciones hay una nueva especie de figura psicológica o política a la que llamo activista psicosocial. Está interesada en que las personas, además de ser conscientes de los temas de la realidad cotidiana, también lo sean de los fantasmas. Hasta este momento de nuestra historia, la mayoría de movimientos políticos se han enfocado en el hecho de gobernar, lo que implica básicamente la distribución equitativa de la riqueza y los bienes.

Los recursos económicos y los bienes son fundamentales, y su distribución equitativa siempre será un aspecto central en los Foros Abiertos, independientemente de los temas por los cuales nos reunamos. La igualdad y la democracia están relacionadas con el dinero, la comida, el poder y el respeto. Hasta el día de hoy, las revoluciones se han llevado a cabo para conseguir la distribución equitativa de estas cosas. Las revoluciones parten de los actos de injusticia que causan el dolor y el terror de la privación.

El trabajo de procesos es parte de un nuevo movimiento, posiblemente más inclusivo, que además de luchar por la distribución equitativa de la riqueza y los bienes, también trata los temas de poder, rango y compañerismo en la comunicación. La razón de este nuevo movimiento es simple: la distribución equitativa de los aspectos materiales inhibe, pero no detiene, el racismo, el sexismo y la homofobia.

¿En que se distingue el nuevo activista psicosocial del activista social? Donde el activista social dice, "Paremos a la gente malvada que hay ahí fuera", el activista psicosocial dice: "Empecemos una segunda revolución; vamos a buscar a esta gente malvada también en nuestro propio sueño. Exploremos cómo nos relacionamos entre nosotras aquí y ahora". Los estilos que oprimen son siempre fantasmas, son poderes usados de manera inconsciente *contra* la gente en vez de *para las relaciones.*

El activista social pone el acento en la conciencia de las causas y los efectos. El activista social dice, "Terapeutas y gente que medita, tomad una posición en relación al mundo. Haced *útil* vuestro desapego. Usad vuestras capacidades espirituales, psicológicas, culturales y educativas con sabiduría. Si tenéis poder en estos ámbitos aplicadlo en el mundo real, no os lo guardéis solamente para vosotras".

El activista psicosocial está de acuerdo con esto y va más lejos, diciendo, "Acordaos también de la esencia de vuestra dimensión subjetiva: si no la tenéis en cuenta, vuestras intervenciones estarán basadas en el pánico, el miedo y el poder que sale de ellos. Usad vuestra conciencia para alcanzar vuestros objetivos; no os limitéis a una visión materialista del cuerpo y del dinero; si lo hacéis vais a repetir los abusos que se han cometido en el pasado. Observad el espíritu de la situación, y no olvidéis que las relaciones y la comunidad son lo esencial. Observad los sueños, los roles. Comprended que la historia no es simplemente una narración sobre el tiempo pasado, sino que también nos habla de los fantasmas de hoy".

El trabajo de conciencia dice que las cosas materiales son importantes en este mundo. Luchar por ellas es una primera revolución. El activista psicosocial está interesado en una segunda revolución que incluye la primera. Percibe también el nivel de los sueños, el hecho de que los espíritus de la avaricia y la generosidad son fuerzas que van más allá de los roles sociales del rico o el pobre, el fuerte o el débil. La conciencia de todo el mundo debe aumentar de manera simultánea. Pone atención en la comunicación y el diálogo. Profundiza el activismo social.

El activista psicosocial es un híbrido de activista social y de trabajador de conciencia interna. Sabe que cualquier mensaje puede ser escuchado, tolerado y respetado, al darse cuenta de cómo se necesita para completar el todo.

La segunda revolución no ve a la corriente dominante como el problema. No existe gente mala y gente buena. De hecho, cambiar el comportamiento de las personas no es ni siquiera el objetivo. El objetivo es una combinación de cambios en la distribución de los bienes materiales y referentes al comportamiento, junto con la toma de conciencia de los sueños y sus efectos en la comunicación y la comunidad.

El activista psicosocial muestra en su vida personal lo que quiere que ocurra políticamente. Pienso en Gandhi, cuando dijo, "Modela el cambio que quieres ver en el mundo". Hoy podríamos decir, "Modela, en este mismo momento, el mundo que quieres". Si deseas que otra gente sea consciente de su mal uso del poder, sé consciente del poder que tiene el estilo de comunicación que estás utilizando *en este preciso momento*.

Las revoluciones son algo que sólo pueden hacer las comunidades en su conjunto. Estas comunidades constituyen nuevos movimientos sociales que no ponen el énfasis en la necesidad de líderes sino en la necesidad de conciencia de los sentimientos y los sueños.

El sentimiento interno como poder externo

En la segunda revolución, las personas que hacen mucho trabajo interior pueden ser nuestras guías. Ellas perciben el abusador que tienen dentro – cómo se menosprecian a sí mismas, y cómo su estilo de comunicación puede menospreciar a las demás. Recuerdo como, una vez, una mujer que defendía el poder de las lesbianas cambió su postura para proteger a un hombre homófobo, el cual no podía entender por qué había gente del mismo sexo que mantenía relaciones. El hombre decía, "No puedo entender por qué se dan este tipo de relaciones raras". Las demás lo atacaron.

Ella vio como él se quedaba de piedra, y reconoció que lo estaban marginando. Dijo que no quería que él sufriese de esa manera. Y es que ella ya había vivido suficientemente la experiencia de menospreciarse a sí misma, y no quería que a él le pasara lo mismo, aunque la situación fuese la contraria. Dijo que no quería que esta persona sufriera, pues sabía bien lo que se siente. El hombre tartamudeó y casi se puso a llorar.

Siempre he soñado con estos momentos, pero hasta entonces nunca había visto uno en público. La conciencia de "No estamos de acuerdo, y al mismo tiempo somos lo mismo", fue vivida plenamente y expresada en su totalidad. Ella usó su propio trabajo interno sobre su sensación de opresión como modelo para cuidar a las demás, incluso a quién era su antiguo oponente. Dijo, " Sé cómo se siente uno cuando es menospreciado y por eso no quiero que te sientas así". Esta es la activista psicosocial.

En la primera revolución, luchamos por la conciencia de la posición y la influencia de la raza, la orientación sexual, el rango psicológico, el espiritual, etc. En esta segunda revolución, estoy buscando la conciencia de las experiencias momento-a-momento que se dan durante las interacciones. La conciencia del rango es la primera revolución, la liberación de la opresión evidente. La segunda revolución es de conciencia, porque la libertad por sí sola no evita que las oprimidas – cómo sabemos todas por nosotras mismas – vuelvan a crear otro entorno opresor.

Cosas a recordar

1. Recuerda agradecer a las élders de la comunidad, ya que ayudan a que tenga lugar tu facilitación.

2. Conviértete en estudiante. Aprende del relato o cuento de la comunidad. Sé estudiante. Valora y aprende de tu propio estilo. Descubre su núcleo eterno.

3. Agradece a tu equipo. Tu equipo capta cualquier cosa que esté sintiendo la organización. Tu equipo puede tener los mismos conflictos que la organización. Por tanto, si la organización se separa en dos bandos opuestos, tu equipo probablemente también reflejará esta fragmentación. Los equipos funcionan mejor cuando son capaces de aceptar su propia diversidad.

4. Siempre existe un conflicto de estilo de comunicación entre los roles intelectuales y los emocionales. Es útil enmarcar la situación explicando que son puntos de vista distintos.

5. Las activistas que lanzan una diatriba en contra de los gobiernos autoritarios, dominantes y patriarcales pueden no ser conscientes de que su estilo es el "gobierno" en los sueños.

6. El activista psicosocial comunica, esencialmente, "Yo mismo soy el mundo". Necesitamos una distribución equitativa de las posesiones materiales *así como* una conciencia constante de lo que está pasando ahora mismo, en cada momento. Valorar la conciencia tanto como el poder es la segunda revolución.

Capítulo 8

El trasfondo del Soñar hacia la comunidad

La segunda revolución es sobre la idea de que los seres humanos son parte de la naturaleza, a diferencia de ver a la naturaleza como parte de los seres humanos. La esencia de la naturaleza es, para mí, lo que las aborígenes australianas llaman el Soñar, una energía creativa que es el origen de todo. En otras palabras, lo que la gente llama *realidad* no es un hecho, sino una idea a la que se llega por condicionamiento social.

Hay tantas realidades como culturas y periodos históricos. La presente realidad cosmopolita está basada en el tiempo, el espacio y las cosas materiales. Otra realidad es el Soñar, el mundo de sentimientos profundos y fantasías vagas que notamos antes de tomar decisiones concretas.

El Soñar es a la realidad cotidiana lo que el mundo cuántico es a la realidad newtoniana. El Soñar sacude nuestra certeza de que la vida está compuesta de personas reales en cuerpos sólidos. Para comprender, apreciar, e incluso amar a la comunidad para la que estás trabajando, necesitas sentirla no sólo como un hecho compuesto de personas reales, sino también como una esencia del Soñar que se despliega en roles cambiantes, espíritus temporales y personas. Los espíritus temporales son culturales, figuras colectivas como "el abusador" o "el héroe," etc., son espíritus de los tiempos que van cambiando.

En cierto sentido, el Soñar y sus espíritus temporales son más fundamentales que la realidad cotidiana, ¡y es que los espíritus temporales preceden a los roles, e incluso perduran después de que hayamos ocupado esos roles y hayamos muerto! En este capítulo quiero aplicar los conceptos del Soñar para comprender y trabajar con varios tipos de personas-problemas como desesperanza, dejar comunidades, atacar a las autoridades y anhelar la libertad.

DESESPERANZA

En muchos Foros Abiertos, en un momento u otro, alguien inevitablemente se levanta y dice, "Qué puedo hacer *yo*? Sólo soy una persona pequeña en este gran mundo; no puedo hacer nada. Este sentimiento de desesperanza es un problema que se ha extendido por todo el mundo y que parece llevar a la gente a dejar de intentar solucionar los problemas en su propia familia, y ya no digamos en las organizaciones, ciudades, naciones y el planeta.

Hay muchas razones para hacer declaraciones desesperanzadoras. Para empezar, la persona que las hace está separada de su propia sensación del Soñar que crea, recrea, destruye y reorganiza todo. Las terapeutas intentan trabajar este tipo de problemas de modo individual, pero a mí me parece que estos problemas pertenecen a comunidades y culturas enteras.

La desesperanza se debe a que culturas enteras marginan la fantasía y la creatividad, el arte y la música; en pocas palabras, el misterio de la vida cotidiana. Como viajo bastante sé que ciertas culturas no marginan el Soñar. El pueblo aborigen australiano, chamanes indígenas de África, las naciones originarias de América, etc., todavía se toman en serio el Soñar, cada uno a su manera.

En otras palabras, un motivo para la desesperanza proviene de la actitud cultural que margina el Soñar. En cierto sentido, el primer acto racista es menospreciar el Soñar, y por tanto a las personas y a las culturas que valoran los tiempos del Soñar. Una manera provisional de tratar esto en los Foros Abiertos es preguntar a la gente sobre sus sueños, sobre canciones que de repente les vienen a la mente, sobre su habilidad para bailar y teatralizar los temas del foro después de que éste ya ha acabado. Hay tantas maneras de recuperar el Soñar como humanos hay en la tierra.

Un segundo motivo por el cual alguna persona en un foro expresa desesperanza es porque puede sentirse incapaz de protegerse del foro como un todo. Si utilizas tu conciencia de facilitador para percibir límites, puedes haber notado que alguien la oprimió de alguna manera, aunque ella, quizá ni siquiera lo percibió conscientemente. Si nadie lo percibió, no sólo se siente lastimada, sino también incapaz de compartir su problema con el resto. ¿La solución? Vuelve a lo que se ha dicho antes y descubre qué puede haberla afectado.

Generalizaciones históricas negativas sobre los problemas del mundo, insinuaciones de que no se puede cambiar nada o de que los acontecimientos son abrumadores o están muy distantes de donde estamos ahora, hace que la gente se sienta desesperanzada. Comentarios despectivos sobre los gobiernos "ahí fuera" o sobre poderosas organizaciones multinacionales "ahí fuera" son opresivos en sí mismos.

Comentarios como, "Quienes tienen el control, tienen tanto poder y dinero que unas pocas de nosotras somos impotentes contra ellas" son opresivos porque implican que no tenemos poder; que no se puede hacer nada. Aquí es donde el trabajo de conciencia es fundamental, al señalar que el comportamiento de la autoproclamada víctima está, en esencia, lleno de fantasmas. En este caso, los gobiernos y las multinacionales son fantasmas.

El individuo deprimido está hablando del Soñar, el trasfondo profundo del foro, el nivel oculto en el que el hostigador se ha convertido en un fantasma. La "multinacional" que ignora los sentimientos locales, pequeños, "insignificantes" del momento-a-momento, está presente ahora mismo en el foro, en este mismo lugar, en esta sala, en cada persona. Por lo tanto, puedes responder a esas voces de varias maneras.

Puedes decir, por ejemplo, que esas multinacionales son grandes, despiadadas y distantes, pero que también están aquí en esta habitación. Levántate e interpreta a la multinacional, y di a la gente que son insignificantes, y que deberían olvidar cualquier sentimiento personal. Puedes decir que los gobiernos y multinacionales son "reales", ¡pero que también son roles creados por el Soñar que se olvida a sí mismo!

Otra opción puede ser olvidarte de términos como "el Soñar" y decir, "¡Vamos a analizar el poder que tenemos aquí y ahora y cómo utilizarlo de la mejor manera posible!" Considera, por ejemplo, la influencia de la no-localidad del Foro Abierto. Los grupos que trabajan en elevar su nivel de conciencia influencian el mundo a su alrededor de maneras impredecibles. Puedes notar cómo las interacciones de un Foro Abierto afectan a la opinión pública y dominante, mucho tiempo después de que haya terminado el foro.

Hace poco mantuve correspondencia con un periódico de una ciudad donde habíamos conducido un Foro Abierto sobre racismo. Gente del periódico me dijo que desde que tuvo lugar el foro, los medios de comunicación de la ciudad habían comenzado a hablar del tema del foro. "Hay todo tipo de debates sobre racismo, y las estudiantes en las escuelas y universidades están disgustadas con el tema, incluso hicieron una sentada en la universidad en contra de la hostilidad racial. Es la primera vez que ocurre esto desde 1960." Las grandes empresas de la zona, entrevistadas por los medios, manifestaron que tenían una mayor conciencia sobre los temas raciales. ¡Incluso en las partes de la ciudad más conservadoras, habían informes de personas quejándose de hostilidad racial en las escuelas! Los foros generan "reacciones en cadena" que contribuyen al cambio, aunque es posible que todo cambio sea temporal.

Recuerda que, históricamente, el Foro Abierto fue creado, en parte, como reacción a la distancia entre quienes estaban en el poder y las ciudadanas individuales. Los Foros Abiertos surgieron, en parte, para dar al individuo la posibilidad de tener un impacto en sus gobiernos. En un Foro Abierto, lo que dices *como individuo* tiene poder. El foro es una reacción a los distantes poderes multinacionales y gubernamentales que (quizá sin darse cuenta) debilitan a las ciudadanas.

Además, la historia es testigo de grandes movimientos de personas y grupos que cambiaron su curso. Pienso en los grupos de derechos civiles estadounidenses y aquellos grupos que en los sesenta pararon la guerra de Vietnam. Recuerdo la Revolución de Terciopelo en Checoslovaquia. El movimiento de Solidaridad en Polonia, y la Revolución del Poder Popular en Filipinas.

Cada vez que ignoramos el Soñar (los sentimientos que tenemos, y las diferencias entre nuestras ideas y las del resto) eludimos cuestiones de diversidad y, hablando de un modo simbólico, nos convertimos en una "multinacional". En un foro reciente que facilitamos entre los roles de la Organización Mundial de Comercio y el Fondo Monetario Internacional por un lado, y los sindicatos y otros individuos críticos, por el otro, la OMC y el FMI fueron llamados "criminales globales que ignoran la situación local de los países." Hubieron descubrimientos *inmensos* para todas las presentes, de ambos bandos:

> **Cada vez que fomentamos encuentros ordenados en lugar de intercambios apasionados, no sólo conflictuamos con el conflicto, sino que acabamos reprimiendo las experiencias "locales".**

> **Cada vez que favorecemos un estilo de uno-por-turno en lugar del diálogo y el proceso, aumentamos la separación.**

> **La mayoría de la gente fomentaría experiencias "locales" y de "diálogo y proceso" pero temen hacerlo porque no saben cómo tratar con intercambios acalorados.**

Recuerdo un intercambio asombroso que ocurrió cuando un hombre, hablando en nombre de la OMC, dijo que quienes criticaban eran "gente joven excéntrica que no sabía nada del mundo." El hombre atacado le dijo en una interacción cara a cara, "Me recuerdas a mi padre, a quién no le interesa nada ni nadie, excepto sus propias teorías sobre el mundo." Por algún motivo inexplicable, los ojos del hombre parecieron tan tristes, oyendo como era descrito como alguien a quién no le interesaba nada más que sí mismo, que "el acusador" tocó su mano en un gesto de compasión, y ambos lloraron, y después se abrazaron.

Abandonaron el mundo de las "realidades" económicas y entraron en el Soñar. Ambos sufrieron cambios radicales por lo ocurrido. La cuestión, a mí parecer, no es que el intercambio particular entre estos dos hombres cambió el mundo por un momento, o que los hombres mismos cambiaron a mejor permanentemente, sino que los temas globales ignoran las situaciones individuales y que si no afrontamos el nivel personal, todas somos multinacionales. Para crear un proceso más fluido en el mundo, moviéndonos entre temas globales y situaciones individuales, necesitamos conciencia.

Nos exasperamos con el estado del mundo principalmente por una cuestión: los aspectos del Soñar de nuestras vidas (conciencia personal e interacciones, tanto adentro de nosotras mismas como afuera) están marginados. Ayuda a las organizaciones a estar atentas a sus fantasmas, y ayúdate a ti mismo a estar atento al fantasma global que hay en ti.

El abusador como hecho y fantasma

Encontrar el mal en el exterior está tan respaldado por nuestra realidad cotidiana que nos olvidamos de que el mal también es un fantasma, parte del Soñar. Tomemos el caso de X, que hace daño a otras personas, las subyuga, abusa de ellas, y finalmente es capturado y acusado de todo eso. La mayoría de personas se alegran cuando esto ocurre, pero yo siempre me quedo un poco triste. Sé que todas las personas que conocían a X antes de que tuviese lugar el abuso también son responsables de lo ocurrido. Todas las personas que vieron las pequeñas transgresiones de X a través de los años y no dijeron nada, todas las personas que vieron que las cosas iban por mal camino y no dijeron nada, también son responsables.

Reconocemos fácilmente al abusador "de carne y hueso", pero ignoramos al fantasma del abusador que proyectamos sobre el abusador. Él o ella sólo pudo causar dolor porque el fantasma del abusador en el resto de nosotros permitió que ocurrieran esas cosas. ¡El abusador *fue* (y quizá todavía es) insensible, eso es cierto! Pero nosotros, en el rol fantasma del abusador, también fuimos, y quizá todavía somos, insensibles a lo que vimos.

Así que, si tú eres culpable, entonces yo, como testigo, también soy culpable de insensibilidad. En el Soñar, no existe un problema estrictamente local que no sea también global, y por supuesto, tampoco hay un problema global que no sea también instantáneamente local.

Con conciencia del Soñar, cada una de nosotras debe decir:

> "Soy una persona de un grupo sin representación en este país, dolida y enfadada con la corriente dominante por abusar de aquellas de nosotras que no pueden defenderse."

> "Soy una persona de la corriente dominante odiada debido a la historia, y como consecuencia de que hoy ignoro cualquier tema que no sea el mío."

> "Soy quien que no puede defenderse contra las ofensas públicas en un mundo racista sin volverme violento."

> "Soy el o la homosexual rechazado por su propia familia, y soy la familia que rechaza a los homosexuales."

"Soy la persona en una relación multiracial o multicultural que disgusta a todas las razas por lo que llaman mi 'osadía'."

"Soy diferente de las demás, y también soy quien ignora mi naturaleza especial."

"Soy el futuro, rogando por una comprensión y compasión que incluya a todo el mundo."

"Soy quien participa del Foro Abierto buscando un facilitador que me proteja de él, de mí mismo y de las demás."

PREDICANDO PARA LA CONGREGACIÓN[*]

En muchos Foros Abiertos, alguien que quiere mermar el poder del grupo se levantará y dirá algo como, "Tú sólo estás predicando para la congregación, para quienes ya están convencidas."

¿Cómo manejas esta situación? ¿Cuál es el Soñar detrás de este comentario? Una posibilidad es que quien se queja esté interpretando el rol de héroe, un individuo solitario que se planta contra todas las demás. Así que podrías decirle, "Estoy de tu parte; hagamos frente a todas las presentes en la sala, y no sólo a ellas, sino a toda la gente, en todas partes. ¿Qué te preocupa?" Si el héroe es realmente el rol que está emergiendo en este momento del Soñar, el individuo ahora expondrá algo que no se ha tratado de modo suficiente.

También puedes ver a la congregación como un rol que todavía no se ha identificado y admitir, "Sí, es cierto, todas las personas de la sala estamos, de un modo u otro, interesadas en este tema determinado, si no no habríamos venido. Estamos aquí ya sea porque tenemos interés en el tema o porque tenemos que venir por ser parte de la organización." Un grupo determinado puede estar compuesto principalmente por miembros de clases económicas bajas, o de clase media o alta. Algunos grupos estarán formados principalmente por gente de un raza o

---

[*] "Preaching to the choir" en el original inglés. Frase hecha que alude a tratar de convencer a la gente que ya está convencida. El autor también usa el concepto de "congregación" para referirse a un grupo homogéneo. (Nota de la traducción)

nacionalidad. Algunos grupos están compuestos en su mayoría por activistas sociales.

Sin embargo, también hay un momento en que la respuesta al comentario de ser una congregación de convencidas cambia de "Sí, es cierto," a "No, estás equivocado." Puedes decirle lo siguiente a la persona que está acusando a la comunidad de no ser más que una congregación:

> "No, un grupo determinado a veces parece una congregación homogénea, pero esto se da solamente en el momento que el grupo está reprimiendo sus propios conflictos. Los problemas de cada grupo son los mismos: dolor y rabia. Las que están arriba están asustadas de las de abajo y por eso las marginan. ¡La revuelta es siempre inminente cuando los miembros de la especie humana se reúnen!"

> "No, si fuésemos simplemente una congregación, podrías relajarte. Pero este no es el caso de este grupo. Muy pocas personas aquí están relajadas, y seguramente nadie está pensando en cantar alabanzas a Dios ni a nadie."

> "No, en lo que se refiere al mundo como un todo, apenas hay congregaciones. Ni si quiera en esos grupos "buenos" que intentan ayudar al mundo, como los grupos religiosos. De hecho, ¡ni siquiera el Centro de Trabajo de Procesos de Portland es una congregación! Todos los grupos, independientemente de lo maravillosas que puedan ser sus visiones, son un pequeño holograma del mundo. Los hospitales, la ONU, la Cruz Roja... son sólo partes del mundo mismo, pues están llenas de los mismos conflictos."

Gente abandonando el foro

Algunas facilitadoras de foros se sienten amenazadas o insultadas si alguien se marcha antes. "No te vayas" es el mensaje no verbal. Mientras todas las miradas siguen a la persona saliendo por la puerta, algunas piensan, "Esa persona se ha ido; esto debe ser por algo." Consideremos ahora por qué la gente se va.

¡Algunas personas reales con cuerpos reales tienen que ir al baño!

Algunas no disponen de más tiempo. Limita los encuentros a dos horas (una hora y media es poco). La gente está ocupada con sus vidas; sólo con comparecer ya significa que están intentando hacer *algo*.

Algunas se impacientan o se aburren. Quizá se te han escapado los puntos álgidos, y el grupo está entrando en bucles sin llegar al punto emocional. O quizá esa persona tiene poca capacidad de atención, independientemente de lo intenso que sea el estímulo.

Recuerda que la persona que se va permanece ahí, en el Soñar, como rol fantasma. La *persona* y el *rol* no son lo mismo. Incluso cuando alguien se marcha, el rol permanece. Quizá la naturaleza, el Tao, quiere que ese rol sea compartido por toda la gente presente en la sala y no se identifique solamente con la persona que se ha ido. Si alguien se marcha, acepta el grupo tal como es.

Pregunta a las participantes cuál creen que es el motivo de que la persona se haya ido. Si creen que se ha ido por miedo, entonces el miedo es el fantasma.

Algunas personas que se marchan pronto están mostrando su desacuerdo. Los grupos marginados de los años sesenta a menudo abandonaban los encuentros tipo foro como protesta contra la corriente dominante.

Los grupos marginados pueden querer reunirse sin que el supuesto opresor esté presente. Déjales marchar. Recuerda: *¡la gente se marcha, pero los roles permanecen!* Si se marchan las que están marginadas, el fantasma de la marginación se puede volver más evidente en el resto de participantes y todo el mundo puede ver que este fantasma estaba siendo proyectado en las "víctimas."

Si una persona se marcha justo en medio de una discusión, puede que haya llegado a su "límite"; el límite de lo que cree que puede decir o hacer. Quizá se había enfadado y quería salir para calmarse. Ocupa su lugar; habla como si fueses ella. Ve más allá de su límite (en su nombre, por así decirlo) e intenta decir lo inexpresable, imaginándote en su rol.

En foros grandes, tener a alguien del equipo en la puerta puede ser muy reconfortante para las personas que llegan, y para las que se van. Cuando las personas entran son saludadas como individuos. Además, cuando se van, no importa cuando, se les dice adiós con respeto.

El rango de hablar

¿Has estado en encuentros o reuniones donde unas pocas personas con poder hablan, y las demás permanecen calladas? Mucha gente no habla porque no tiene el poder personal suficiente para hacerlo. *Poder y rango* son conceptos relativos, que dependen del tema concreto y de la situación. Por ejemplo, en una discusión sobre economía, racismo, o sexismo, una persona de color o una mujer pueden sentirse más justificadas para hablar que un hombre blanco. En una discusión sobre temas de hombres, un hombre puede sentir que tiene el rango para hablar. En un grupo básicamente dominante, alguien de una comunidad marginada puede tener miedo de hablar. El rango es acumulativo *y* multidimensional, e incluso si el tema es "tuyo", puede que permanezcas callado.

En una de mis clases de procesos grupales en Portland, experimenté con el rango para descubrir más cosas sobre por qué algunas personas hablan en público y otras no. Para explorar este tema, pedí a la gente que valorase con un uno, un dos, o un tres, cada una de sus distintas condiciones sociales, dependiendo de si sentían que en las condiciones especificadas tenían un rango bajo, medio o alto dentro de la comunidad. Estuvimos jugando con los números, sin tomarlos demasiado en serio, para tener una sensación general de la situación. La cuestión que planteé era "En relación a tu comunidad, ¿cuál sientes que es tu rango en las áreas de género, raza, orientación sexual, edad, salud, conexión espiritual, economía, educación, condición social, bienestar psicológico y habilidad lingüística?" No definí estos atributos sino que dejé que la gente lo hiciese por ella misma.

Descubrimos que el que alguien hablase en público durante una discusión no dependía del rango de una única condición, sino de su rango *acumulativo*. Dadas las once categorías y las tres posibilidades de cada categoría (uno, dos, o tres para bajo, medio o alto, respectivamente), el resultado máximo posible era treinta y tres, el mínimo era once, y el intermedio veintidós.

Imagina que eres de una organización determinada y estás asistiendo a un Foro Abierto. Evalúate utilizando la siguiente lista. ¿Cuántos puntos tienes? (Puedes añadir otras categorías a esta lista.)

Tema social	Rango o Poder: 1, 2, o 3
Raza	
Género	
Orientación sexual	
Edad	
Conexión espiritual	
Salud	
Economía	
Educación	
Rango social en este grupo determinado	
Bienestar psicológico	
Habilidad lingüística	

Tu suma total = (22 es "la media")

Completé este recuadro para mí mismo imaginándome que estaba en un Foro Abierto en una gran organización empresarial en los EE.UU. Ser un hombre sano, instruido, blanco, heterosexual, etc., me proporcionaba mucho rango. Pero en relación a aquel grupo tenía un rango social bajo, y como consecuencia, también puntuaba bajo en bienestar psicológico. Mi resultado final era medio, y por eso estaba un poco nervioso trabajando para esa empresa. Este resultado me motivó a hacer más trabajo interior con el objetivo de reconocer, como figuras dentro de mí, a las personas con rango alto.

¡Mi clase de Portland descubrió que si tenías un rango acumulativo menor a diecinueve, no ibas a hablar en público! Creo que si tienes un resultado menor a veintiuno, te va a costar hablar. Si puntuaste más de veintiuno probablemente te sientas en confianza dentro tu grupo. En otro grupo o contexto, tendrás más o menos rango, dependiendo del momento y la situación.

Por lo tanto, el rango es acumulativo y relativo a un grupo y tema particular. La conclusión es que las facilitadoras necesitan tener presente y estar alerta a los efectos del rango y del poder en ellas mismas y en las participantes. El rango y el poder son fantasmas; nunca se muestran directamente. ¡Sin embargo, los puedes sentir claramente en tu propio cuerpo!

¿En qué grupos y sobre que temas serás capaz de hablar, o no hablar en público?

En los grupos donde muchas personas permanecen en silencio, puedes crear otro Foro Abierto para seguir ese proceso. Un foro de ese tipo puede hacerse en papel o por correo electrónico. Una de las ventajas del correo electrónico es que la gente puede inventarse un seudónimo y por tanto sentirse más libre de hablar que en público. Cuando las personas no tienen que poner su nombre junto al comentario es bastante sorprendente lo que pueden llegar a decir. Trabajar por correo electrónico es un tema inmenso y fascinante en sí mismo, que retomaré más adelante.

MI PROPIO APRENDIZAJE DE TOMA DE CONCIENCIA

Al haber sugerido anteriormente que las facilitadoras compartan lo que han aprendido con sus equipos y con el público, quizá se me permita hacerlo aquí. Quiero exponer lo que aprendí recientemente al estudiar una cinta de vídeo de un Foro Abierto donde el alcalde de la ciudad era uno de los ponentes invitados. Sospecho que mi aprendizaje puede aplicarse también a otras facilitadoras. Esto es lo que ocurrió.

Para presentarse a sí mismo y su punto de vista en un foro sobre racismo, el alcalde habló durante cinco minutos. En este foro, quería demostrar claramente que no era racista contando una historia de su infancia. En esta historia sobre un pequeño pueblo predominantemente blanco del Medio Oeste, el alcalde describió su actitud abierta hacia un chico afroamericano de su pueblo. Dijo que el chico se sentía rechazado debido a unos letreros racistas en el escaparate de una tienda del pueblo. El chico se enfadó y cometió algún delito menor, por el cual fue llevado a un correccional de menores. Finalmente, el chico fue liberado del confinamiento y volvió a la escuela, donde ayudó al equipo escolar a ganar un partido de béisbol.

Después de que el alcalde hablase, mostrando cuán "no racista" era al gustarle el chico, no pude evitar señalarle algo sobre el racismo. Dije, en mi tono más serio, que al enfocarse en ese chico que cometió un delito menor, estaba perpetuando la imagen estereotipada de un chico problemático de una cierta raza, una imagen promovida por los medios. Su imagen es racista en la medida en que ni el chico ni la comunidad afroamericana puede protegerse con facilidad de estos estereotipos. Yo estaba muy alterado.

Al observarme a mí mismo en el vídeo, me chocó ver cómo traté al alcalde. Me comporté educadamente, pero estaba claro que estaba ocultando mis verdaderos sentimientos. El contenido de mis palabras apuntaba a que el alcalde era inconscientemente racista en sus declaraciones, pero noté que en mi comportamiento, no estaba únicamente alterado por lo que estaba haciéndole a los demás; en el fondo me sentía superior a él. Entonces recordé el sentimiento que tenía cuando hablé con el alcalde. Pensé, "Es el alcalde de la ciudad y me siento mejor y más perspicaz que él". Estaba contento por haber señalado un comportamiento dañino. Sin embargo, estaba enfadado conmigo mismo porque lo traté como si fuese un icono, no como un ser humano, y porque en el fondo me sentía superior. ¡Me alegré al ver que aparentemente el alcalde no parecía haberse dado cuenta de *mi* comportamiento!

Puedes pensar en defensa mía, "Vamos, eso no es tan grave, y además, la interacción debe haber ido bien, el resultado fue bueno." Sin embargo, *yo* no estoy contento conmigo mismo. El contenido de lo que dije estaba bien: "No menosprecies a la gente convirtiéndolos en estereotipos." Sin embargo, mi comportamiento tenía otro mensaje: "Te estoy menospreciando porque tú eres el típico alcalde inconsciente". En otras palabras, al enfocarme en la realidad de la situación, no estuve atento al Soñar, ¡y por tanto acabé siendo el mismo fantasma al que estaba atacando!

Si hubiese sido consciente de mí mismo, podría haber dicho lo que dije sobre los estereotipos *y*, al mismo tiempo, haber dicho, "Estoy aquí como uno de los facilitadores, pero noto al educador y al activista social dentro de mí volviéndose contra ti, querido alcalde. El educador quiere aportar nueva información, y el activista social quiere corregir un error. Sin embargo, me doy cuenta de que he dejado de verte como un ser humano, ¡yo también estoy estereotipando, ignorando al ser humano que hay detrás del rol de alcalde!"

Puedes pensar que estoy llevando esto demasiado lejos, pero la toma de conciencia es mi objetivo, no sólo la acción social. Mientras sólo sea un activista negando temporalmente mi propia sensación de superioridad, sólo estoy reemplazando viejas jerarquías por otras nuevas, con educadoras que creen que *ellas* son superiores.

Lamento mi inconsciencia, aunque parece que el alcalde no notó nada. Dejé de ver que tanto él como yo somos seres humanos en roles. En momentos así, cuando mis compañeras de equipo o yo nos damos cuenta de estas cosas sobre mí mismo, el contenido de mi acción social va a mejor, en parte porque todo el Soñar está siendo considerado. Durante esos momentos, el foro es como un barco de vela llevado por el viento, en lugar de un bote impulsado por remos.

Puntos álgidos y caos

Hubo un punto caliente durante el acalorado Foro Abierto que mencioné recién con el alcalde. Quiero agradecer especialmente a Gary Reiss por haber creado ese foro; fue excepcionalmente valiente en todo lo que ocurrió ahí. Después de que hablase el alcalde al principio del foro, tomó la palabra un miembro neonazi del Ku Klux Klan que había sido invitado. (Aquellos del KKK que se denominan a sí mismos "neonazis" odian a la gente judía, negra, asiática, homosexual, o a cualquiera que no sea ario y heterosexual.) Dijo sin pudor: "Nuestro grupo no cree que esté bien que diferentes grupos vivan juntos. Los grupos deberían estar segregados." Mientras hablaba, un activista liberal empezó a hablar simultáneamente, elevando el tono de su voz hasta el tono del hombre del KKK. En un arrebato por ahogar las palabras del KKK, el liberal habló a gritos para que nadie pudiese entender al hombre del Klan. El liberal dijo, "Nadie debería escuchar esa basura. ¡Es antiamericano, anticuado y antidemocrático!"

Daba la impresión que los cientos de personas del foro hablaban simultáneamente. *Todo el mundo* comenzó a hablar a la vez mientras los dos hombres elevaban la voz por encima del otro. Los dos puntos de vista, el del KKK y el del liberal, eran simétricos en un aspecto: ambos argumentaban que el otro *no* debía ser escuchado.

El nivel de ruido de la sala se elevó, y se extendió el caos. Pero la sensación de caos, normalmente es sólo una característica de la realidad consensuada. En el Soñar, hay un patrón claro. Mi aportación desde la conciencia fue simplemente: "Está bien que dos personas hablen a la vez. Sé que para alguna gente es difícil cuando dos posiciones polarizadas están siendo expuestas al mismo tiempo. En las culturas dominantes en los Estados Unidos, hablar a la vez está mal visto, pero la perspectiva cultural que asume que sólo debería hablar una persona por turno es únicamente un punto de vista. Dejemos que hablen a la vez. Confiemos en ellos, vamos a darles una oportunidad". La interacción acalorada se calmó en sólo unos minutos y el foro continuó, permitiendo que mucha gente hablase y fuese escuchada.

Algunas personas estaban disgustadas con que se hubiese permitido hablar a un racista, mientras que otras apoyaban el diálogo, afirmando que este mismo tipo de polarización *abierta* era la esencia de la democracia.

Aprendí mucho. Aunque las ponentes invitadas habían sido anunciadas desde el principio en la divulgación del foro, el liberal se sintió insultado por el hecho de que hubiésemos invitado a alguien del KKK. Debería haber previsto ese conflicto. Había olvidado lo chocante que es oír a alguien que habla desde una posición marginal en un foro público.

Además de eso, debería haber sentido, conociéndome, que la gente activista casi nunca trabaja bien entre ella, cada una sintiendo que su posición liberal "es la mejor y la única". Podría haber dicho: "Tu postura es importante; eres un élder en esta ciudad. Gracias por tu trabajo." Después podría haber añadido: "Mi posición es diferente. Aquí quiero oír a las voces más agitadoras, para que se sientan escuchadas y no sean forzadas a recurrir a las armas en algún otro lugar." Los Foros Abiertos pueden reducir la violencia en los lugares de trabajo y en la ciudad, *pero sólo si todas las voces son escuchadas.*

¿ERES UNA PERSONA O UN ESPÍRITU?

Aunque las figuras de las que hemos estado hablando son claramente roles, la mayoría de personas no encajan perfectamente en un rol u otro, sino que son una mezcla de razas, orientaciones sexuales, religiones y situaciones de salud, y pueden estar tanto en posiciones de rango inferior como superior (dentro de una organización determinada). ¿Quién es únicamente "el jefe", "el perturbador", "el listo", "el nazi"?"

Aun así, no es fácil salir de un rol cuando las demás siempre te identifican con ese único rol. Por ejemplo, cuando estás en un rol minoritario dentro de un contexto social u organizacional, o sea, cuando estás en una posición de desventaja, puedes sentir el impulso de "esconderte" identificándote con la corriente dominante para que no te hagan daño quienes están arriba.

Alguna gente del grupo puede irritarse contigo porque siente tu tendencia a esconderte como una deserción. Si eres una mujer de éxito pero no "defiendes" a las mujeres, tus colegas mujeres pueden verte como a una desertora. Una persona judía, hispana, homosexual, o negra que no defiende o alaba ser judía, hispana, homosexual o negra será criticada por su grupo por ser internamente antisemita, homófoba, racista, etc.

Recuerda la interacción que mencioné anteriormente (en el capítulo 4) entre un Pantera negra y una mujer que se identificó como una mezcla de irlandesa y afroamericana. Estábamos en un momento muy tenso en ese Foro Abierto en Houston, organizado alrededor de la muerte de James Byrd, un afroamericano que había sido brutalmente asesinado en Jasper, Texas. De repente estalló un conflicto entre los Panteras y la comunidad afroamericana sobre el tema de identificarse con ser negro y dejar cualquier otra categoría racial. La mujer exclamó, "Mi madre es irlandesa y mi padre africano, así que no soy ni una cosa ni otra." El Pantera negra dijo, "¡Hermana, naciste negra, crecerás negra, y vas a morir negra!"[1]

He escuchado alguna conversación parecida en todas las comunidades minoritarias. ¿Qué bando de la conversación tiene razón? Ambos. Todas las personas nacemos en la realidad consensuada, o sea, en el mundo físico, con ciertos genes, y por eso somos vistas como negras, africanas, afroamericanas, hispanas, italianas, judías, nativas americanas, japonesas, coreanas, chinas, y demás. Nacemos con, o vamos adquiriendo, cierta salud, orientación sexual, etc.

El mensaje de ese Pantera negra era que no podíamos marginar la realidad social de los prejuicios culturales. No puedes evitar tu aspecto, ni eludir tu orientación sexual o tus creencias religiosas por mucho tiempo. Al mismo tiempo, la mujer nos estaba diciendo, "No marginéis el ámbito de la individualidad." En lo que se refiere a la realidad cultural, podemos ser identificadas con cierto rol racial, pero, *al mismo tiempo*, somos seres espirituales, somos libres, liberados de toda forma. Somos, como cualquier otra cosa del universo, polvo de estrellas, partes del infinito.

A mí me parece que no podemos defender nuestro rol social con coherencia si no valoramos la libertad espiritual. Tampoco podemos sentirnos libres espiritualmente si no nos hemos identificado completamente con nuestra posición como ser humano dentro de los limitantes contextos sociales de este planeta. La realidad y el Soñar son inseparables.

COSAS A RECORDAR

1. Las expresiones de desesperanza pueden deberse a haber llegado a un límite, pueden ser una reacción de alguien por haber sido despreciado en público y ser incapaz de defenderse. La desesperanza también puede ser consecuencia de la imposibilidad de tratar con generalizaciones sobre la historia y con quienes ostentan el poder y no están representadas en ese momento. Representa a estas entidades como roles fantasma. Recuerda que la noción de corporaciones multinacionales puede ser una proyección de nuestra propia tendencia a ignorar a los individuos al "globalizar" o "generalizar". El Foro Abierto es una reacción a todas las formas de desesperanza ante el cambio social.

2. No hay congregación a la que predicar; de hecho, el foro, y cualquier grupo, es una conglomerado parecido al mundo mismo.

3. La gente se va de los foros antes de que acaben por muy diversos motivos. Pero no se va del todo, puesto que el rol que "trajo" al foro en la forma aparente de su persona sigue existiendo independientemente de ella en forma de un rol fantasma que siempre estará presente dondequiera que hayan seres humanos. Por lo tanto, permite que las personas entren y salgan cuando quieran.

4. Es común criticar o denigrar a las autoridades, pero recuerda que el crítico que está menospreciando puede ser también una "autoridad". Para cambiar el mundo, ocúpate tanto de los cambios externos como de los internos.

5. El caos y la escalada alrededor de los puntos álgidos da miedo, pero si sugieres confiar en que las personas agitadas van a hacerlo lo mejor posible, si te enfocas y escuchas, la escalada se vuelve menos necesaria.

6. Somos nuestros roles sociales, y somos libres de todos los roles. Como cualquier otra cosa en este universo, somos una mezcla de polvo de estrellas, una parte del infinito, y por tanto podemos estar orgullosas de nuestra mezcla particular. La realidad y el Soñar son inseparables.

CAPÍTULO 9

Los medios de comunicación como sueño del despertar

Los Foros Abiertos celebrados en organizaciones y ciudades crean mucho "ruido", es decir, rumores e interés del público. Después de todo, en un foro se tratan cuestiones que han estado soterradas o que, al menos hasta ese momento, sólo se habían debatido informalmente. Como uno de los objetivos del foro es captar la atención de la gente y hacerla más consciente de los temas que se abordarán, no es raro que esta nueva concienciación acabe creando más "ruido" todavía. Los Foros Abiertos grandes atraen la atención de los medios de comunicación públicos, como periódicos, radio, televisión, internet y otros mecanismos de difusión. Por lo tanto, veo el trabajo con los medios como parte de tu trabajo como facilitador en un Foro Abierto. Los medios de comunicación son otra forma en la que se expresa el Soñar que hay detrás del foro.

Este ruido está en varios niveles, dos de los cuales son el ruido interno en tu cabeza (tu propias aprobaciones, críticas y sueños acerca del foro) y el ruido proveniente de los medios de comunicación externos, con los cuales tendrás que tratar ahora que se acaba el foro.

Composición de los medios

Antes de reflexionar sobre cómo relacionarnos con los medios de comunicación, consideremos qué o quiénes son. Yo pienso en los medios como si fueran una enorme antena de radio que envía señales al mundo circundante. En el siguiente diagrama, el Foro Abierto está vinculado a los medios en el centro del dibujo. Los medios establecen conexiones con todas las personas externas al foro, con todas las personas del "campo" que abarca la organización o la ciudad.

Cómo se comunican los medios con el resto del mundo (organización o ciudad)

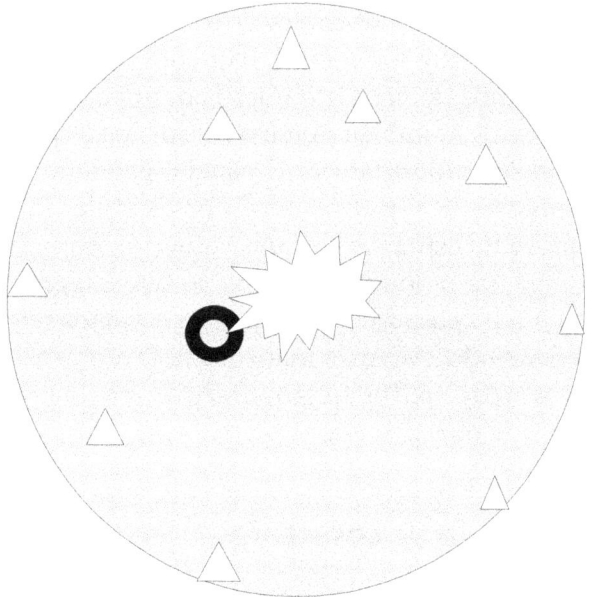

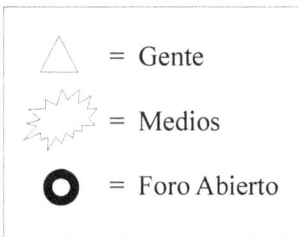

△ = Gente

✴ = Medios

◎ = Foro Abierto

Los medios de comunicación están conectados a la periferia en un grado que difícilmente podemos alcanzar nosotras mismas como personas indivuales. Por supuesto, todas formamos parte de los medios de comunicación a través del boca-oreja; con nuestras listas de contactos y nuestras conversaciones personales, las cuales siguen siendo importantes herramientas de difusión. Así, el concepto de medios de comunicación incluye nuestras propias redes de comunicación, los periódicos, televisión, radio, internet, libros, películas, proyectos artísticos, y teatro.

Los medios operan en el mundo como un gran sueño opera dentro de un individuo. Los medios son al mundo lo que un gran sueño, un sueño intenso, es a la persona que duerme. Los medios parecen ver a su público como un puñado de personas durmiendo que necesitan ser despertadas. Sienten que deben captar nuestra atención bombardeándonos con noticias inconcebibles y sorprendentes.

Puede que los sueños pequeños no te despierten, pero seguro que los grandes sueños lo harán. Tom Atlee, en su página web, subraya que los medios también pueden ser un sueño pequeño, de baja intensidad, en el sentido negativo. ¡Un sueño pequeño es de los que te mantienen hipnotizado y durmiendo! Por ejemplo, "Compra el periódico, sólo cincuenta centavos" es una inducción hipnótica diciéndote que es una ganga, pero no está claro que lo sea. Un gran sueño te deja pensando, "¿Qué ha pasado?" Los sueños pequeños te permiten olvidar y seguir durmiendo. Algunas mañanas te levantas recordando un gran sueño: Dios apareció. Tus amigos murieron en un gran incendio. Te perseguían seres de otro planeta.

DUALIDAD DE LOS MEDIOS

Los medios de comunicación populares son dualistas, en el sentido de que siempre presentan dos o más puntos de vista aparentemente irreconciliables e irreducibles, y casi nunca ninguna interacción entre ellos. Normalmente uno es bueno y el otro malo. En pocas palabras, no hay proceso entre los dos estados supuestamente fijos del sistema. La mayoría de medios sólo proporcionan una comprensión mínima del otro bando; parece que la comprensión es algo escaso o que no vende. Cuando no hay ningún desastre, las presentadoras nos dicen "no está pasando nada". No hay revuelo. La mayoría de editores que conozco son parecidos: "Los libros que causan revuelo venden bien". Los medios de comunicación alternativos o clandestinos no son muy diferentes en el sentido de presentar a los bandos como irreductiblemente buenos y malos. Pocos parecen estar interesados en un diálogo genuino entre ambos bandos.

Los medios ven la vida en términos polarizados de éxito o fracaso. Hay pocos matices o grados. Se trata de un país *o* el otro; ricos *o* pobres, liberales *o* conservadores, culpables *o* inocentes. Es importante comprender a los medios de comunicación porque son "ensoñados" por cada una de nosotras. Con "ensoñados" quiero decir que nuestros propios acontecimientos internos del mundo de los sueños pueden no estar directamente representados, pero "se ensueñan a ellos mismos" en el exterior, por así decirlo. ¡Ensoñar implica que el mundo de los sueños busca realizarse en nuestra vida cotidiana!

El dualismo es la filosofía básica que la mayoría de nosotros utilizamos al autocriticarnos. Eres bueno, o eres malo (y normalmente eres malo). O tienes éxito en algo o fracasas. Eres inteligente, o eres estúpido. Eres guapo o eres feo.

Noticias breves

Las entrevistas de los medios son conducidas inevitablemente en este estilo polarizado. Imagina, por ejemplo, que el Foro Abierto en el que has estado trabajando está acabando en este momento. Alguien de la prensa te pone un micrófono delante y empieza a hacerte preguntas. ¿Qué está ocurriendo? Si utilizas tu conciencia, y te tomas tu tiempo, notarás que quien te entrevista te está tratando como si tu punto de vista fuese suficientemente importante como para ser escuchado. ¿Pero es acaso tu punto de vista más importante que otros? ¿Por qué no preguntar al entrevistador por qué tú estás siendo entrevistado y quiénes serán ignoradas, y así poder saber qué fantasmas incluir en tus respuestas?

A menudo la entrevista es antagónica por naturaleza. Las noticias pueden intentar polarizar tu punto de vista para que sea bueno o malo, para que otro entrevistado en otro momento, confrontado con las mismas preguntas, tome el bando contrario. Los medios de comunicación no acostumbran a estar interesados en las gradaciones, o en los diversos roles dentro de ti (la historia completa), sino en la lucha entre posiciones opuestas. Como un combate de boxeo, tú estás en una esquina, y hay un oponente en la otra esquina. Cada asalto debe durar poco e ir al grano; después de todo, tiene que ser *entretenido*. Así es como los medios contribuyen en fomentar el conflicto y la guerra.

Durante la reciente guerra de Kosovo, recuerdo a un hombre de un periódico preguntándome, "¿Cómo solucionamos la guerra en Kosovo? Por favor responde en un minuto". ¿Por dónde empezar?, dije, "Bueno, habría que empezar en el origen del universo. Hace 10 mil millones de años".

O bien, podría haber empezado con la esencia de esa pregunta, la cual está realmente destinada a un público que sólo va a leer durante un minuto. Y responder, "El origen de la guerra es tu tipo de pregunta, al querer soluciones simples para conflictos complejos y que vienen de largo, en lugar de buscar observaciones sobre cómo trabajar los problemas de relaciones. El origen de la guerra no está en *ninguna parte* y está en *todas partes*. El origen de la guerra no se debe únicamente a quienes participan en la guerra, sino al punto de vista del público, que sólo quiere soluciones unilaterales y no está dispuesto a tolerar o explorar toda la complejidad de una cuestión. La guerra ahí fuera es un reflejo de cómo gestionamos nuestras propias relaciones".

La importancia de uno mismo frente a la conciencia

Si los medios te tratan como si fueses suficientemente importante como para que se te escuche y te entrevistan, en un primer momento puedes volverte engreído o sentir timidez. El síntoma de ambas condiciones es ponerte nervioso, que es una reacción a ser incitado a dejar de lado tu propia manera de ser e interpretar un rol público unilateral.

Si estás despierto, puedes recordar que *el único poder real que puedes poseer es la conciencia*. La conciencia te dice que el poder socialmente ejercido está ligado a los espíritus de los tiempos, es decir, a unos roles particulares, y ahora se te pide que interpretes uno. Desde el punto de vista de los medios puedes ser importante como rol, pero desde otro punto de vista no eres un rol, eres una persona, con muchos roles dentro de ti.

Si eres un activista psicosocial, puedes decir que el rol que has decidido interpretar es el que pretende fomentar en todo el mundo la conciencia de que cada una de nosotras es responsable de ocupar roles.

Puedes decir que el rol de facilitador es conseguir tener varios bandos a los que escuchar y lograr que lleguen a conocerse unos a otros. También puedes explicar que el proceso del foro no termina cuando éste acaba, sino que está continuando ahora mismo en todas partes. Bajo estas circunstancias puedes decirles a los medios que ellos pueden tomar el rol de un bando o del otro. Sin embargo, tú rol fundamental es el de fomentar el uso de la conciencia.

Si los medios te preguntan si estás satisfecho con lo que ocurrió en el foro, puedes dar tu opinión personal tranquilamente, recordando cualquier aumento de conciencia que pueda haber ocurrido. Sin embargo, tu conciencia te dice que, incluso mientras estás siendo entrevistado, hay varios roles fantasma que también están presentes.

Está el rol que tú mismo estás interpretando, el rol de los medios de comunicación, y el rol del lector que será crítico con lo que estás diciendo. Por lo tanto, adopta el rol de alguien que no va estar de acuerdo con tu evaluación del Foro Abierto y di, "Deberíamos ver el foro desde otro punto de vista, uno que no se preocupe por la conciencia sino que sólo esté interesado en los resultados. Ambos puntos de vista son valiosos, etc."

Algunas facilitadoras evitan a los medios por su tendencia a polarizar tanto las cosas. Sin embargo, tratar con los medios puede ser simplemente otra forma de trabajo de conciencia. Y es que los medios son como tu crítico interno que dice, de un modo muy parcial, "Eres responsable de todas las cosas, las buenas y las malas, y especialmente de lo que fue 'mal' en el foro". Pero la conciencia también te dice que hay otro punto de vista que dice, "No hice nada, la comunidad hace las cosas conjuntamente. La gente y la naturaleza y la comunidad hacen cosas juntas. El Soñar está detrás de todo, no las personas".

SACANDO COSAS DE CONTEXTO

Es probable que los medios de comunicación saquen el foro y tu trabajo del contexto de los temas sociales, educacionales, financieros y organizacionales que estás tratando y construyan otra historia completamente distinta sobre lo que está ocurriendo. Los medios no son observadores objetivos, informando de las noticias tal y como ocurren. Son contadores de cuentos y relatan los mitos grupales de la actualidad. En el ejemplo del KKK que discutí en el capítulo 8, la cuestión del racismo no era ni la mitad de importante que la historia que salió a la mañana siguiente en los titulares del periódico: "¡Mindell invita al KKK a un Foro Abierto!"

Los titulares del periódico tuvieron tanta repercusión que incluso mi tía, desde el otro extremo del país, se enteró de lo sucedido. Un año y medio después del evento, en el siguiente encuentro familiar, nos arrinconó, a Amy y a mí, y me dijo, "¡Cómo te atreves a invitar a esos nazis a hablar! ¡Cómo puedes considerarte judío!" Tenía parte de razón. Me defendí tibiamente, intentando explicar que, de hecho, no me defino a mí mismo en primer lugar como judío, sino como persona.

Sin embargo, mi argumentación le entró por un oído y le salió por el otro. No estaba interesada lo más mínimo en nada que no fueran los roles de judío y de nazi. Eso es exactamente lo que buscaban los medios, ¡la polarización entre el público demócrata y el nazi intolerante!

Aun así, el evento familiar resultó ser muy bueno para mí. Tenía que ver su parte de razón. ¿Cómo puede ser que un judío invite a una persona nazi a exponer su punto de vista? Por otro lado, mi argumento era: sí, soy un judío, y no, no soy únicamente un judío. Aunque amo mis genes y mis raíces étnicas, no soy únicamente esos genes. Además, el foco del foro no debía ser el KKK, sino una reducción del racismo en la ciudad. Mi tía, de hecho, concordó y entendió mi punto de vista.

En cualquier caso, el relato de los medios, y el de mi querida tía, se enfocaba en el KKK y no en el tema más significativo del racismo. Cuando el foro estaba terminando, la primera pregunta de los medios fue "¿Cómo te atreviste a invitar a un neonazi?" Los medios sacaron el foro del amplio contexto que lo abarcaba, en este caso, ir a las raíces del racismo. La moraleja de la historia es hacer que los medios *recuerden el contexto*.

Debería haberles dicho: "Tu pregunta sobre el KKK está fuera de contexto; hace referencia a otra historia, la cual atrae la atención del público, pero aquí no es el tema central. Transmitid lo que estoy diciendo, por favor. Considerad la situación en su conjunto. Como periodistas, debéis interesaros por la verdad sobre las raíces del racismo. Entiendo que los neonazis significan dinero para vuestros periódicos, mientras que hablar sobre las raíces del racismo es algo sutil que no genera tantas ventas".

Por cierto, tu crítico interno normalmente funciona del mismo modo que los medios. El crítico interno siempre saca de contexto lo que has hecho. Él, ella, o "eso" usa la misma psicología. "Olvida el contexto y la gran meta que te has propuesto alcanzar. Olvida la historia, y olvida a todo el mundo. Olvida tu sueño para la humanidad. O eres bueno o eres malo, ¡y en este momento eres malo!" Los comentarios del crítico están fuera de contexto. Al tratar el crítico interno o con los periodistas, debes reforzar el punto de vista que pone el acento en el contexto, la historia y las grandes metas.

Acontecimientos sutiles e impactantes

La mente de la corriente dominante se interesa por las noticias impactantes y por la simplicidad, pero los acontecimientos reales no encajan en las caracterizaciones simples, y de hecho tampoco en las complejas. Des de un punto de vista orientado a procesos no estamos interesadas únicamente en lo impactante sino también en un diálogo entre las partes. Tratar con el trauma y la historia lleva tiempo y requiere diálogo entre los bandos opuestos, que a su vez cambian lentamente.

El diálogo no genera dinero; está más allá de lo complejo y lo simple y requiere una conciencia sutil de los cambios en los sentimientos. No podemos medir los resultados de este tipo de diálogo; serpentea de una manera tortuosa y no lineal. Todo esto requiere paciencia. El propósito del foro no es resolver los problemas del mundo, es volver a despertar la diversidad en las participantes (tanto a nivel individual como de gran grupo), para que pueda comenzar el proceso de comunidad.

Utilizando el impacto

Hasta ahora, yo mismo he sido como los medios al retratarlos como si fuesen "malos". Pero los medios no son ni buenos ni malos. Son simplemente parte del proceso general del Foro Abierto. De hecho, como facilitador, puedes ponerte en su rol y utilizar "su" proceso sensacionalista como si fuese tuyo. Después de todo, puesto que la mayoría de medios dominantes y alternativos utilizan a las personas para crear relatos de buenos y malos, ¿por qué no *utilizar* a los medios en lugar de ser utilizado por ellos? Si en relación a los medios eres una víctima pasiva, estás condenado a verlos como algo "malo" mientras tú quedas como el "bueno", su "víctima". Sin embargo, cuando eres consciente del proceso de los sueños, puedes interpretar el rol de los medios, y utilizar un pensamiento polarizado y sensacionalista para crear tu propio relato.

Podrías decirte a ti mismo: "Me doy cuenta de que a veces yo también puedo ser dualista. Me gustaría crear mi propio relato". Recuerda que la parte de la mente dominante que tenemos dentro tiende a estar dormida. Usa tu propia parte sensacionalista "¡Despierta! ¡Cómprame!" para aumentar tu propia conciencia. Para hacerlo, escribe tu propio relato mediático antes de que comience el foro. Describe lo que está intentando abrirse paso en tu propia organización o ciudad. Crea el relato que te está conduciendo a ti. Ese es el relato que *tú* quieres que esté en la consciencia de todo el mundo. Ese relato es el poder ensoñándote a ti para que seas facilitador.

Por ejemplo, en mi relato de ese foro particular sobre racismo se consigue reducir el abuso y aumentar el respeto, para todas las personas de esa ciudad. Mi relato para el Foro Abierto del que he estado hablando, es el siguiente:

> *Érase una vez una ciudad, en la que, por las noches, alguna gente se quedaba levantada para hacer daño a otra, pero la mayoría de las ciudadanas no se daba cuenta ya que se iban a dormir demasiado pronto. Aquellas que eran lastimadas no aguantaban más, y las que causaban dolor no querían pensar en ello. Y el resto de la gente continuaba durmiendo. Un día llegaron unas tipas raras que hicieron un gran fuego en el centro de la ciudad para atraer el interés de quienes se quedaban despiertas hasta lo suficientemente tarde como para verlo. Una vez que se hubieron reunido alrededor del fuego, aquellas ciudadanas del pueblo soñoliento, comenzaron a despertarse, y allí se escucharon todo tipo de historias.*

> *Por primera vez escucharon a personas lastimadas hablando con las personas que habían causado el dolor. Todas pensaron sobre qué hacer con esa situación y descubrieron que el racismo requiere conciencia de las interacciones humanas en todo momento, tanto de día como de noche. Se dieron cuenta de que el racismo es un problema profundo, y que sólo es la punta del iceberg que contiene todos los otros "-ismos" del mundo.*

> *La comprensión sobre el racismo hizo que el fuego se avivara. Algunas personas encendieron, o más bien volvieron a encender, sus propias velas con el gran fuego, y se llevaron esas velas a casa.*

Han pasado muchos años ya desde ese primer fuego. Lo asombroso es que, aunque mucha de aquella gente ya ha muerto y muchas otras nacieron después, el fuego sigue ardiendo en el centro de la ciudad. Es un fuego más que sorprendente. Si no se vigila, a veces amenaza con quemar toda la ciudad. Pero si se cuida, es una fuente constante de calor y luz, incluso en las noches más frías. Las personas rebautizaron la ciudad en honor a ese fuego, llamando a la ciudad "Sentados en el fuego", la cual es una de mis historias.

Volviendo a mirar los resultados del foro, algunos aspectos de la historia se cumplieron. Las páginas principales de los periódicos informaban con sensacionalismo acerca del miembro del KKK. La radio nacional pública, la televisión y otros medios hicieron difusión. Se prestó mucha atención al tema; el fuego encendió otros fuegos, y más gente se involucró en el tema creando más foros, y la conciencia creció un poco en esa ciudad.

La cuestión es que el sensacionalismo puede ser utilizado en beneficio de todas. Los medios crean sensacionalismo a partir de todo lo que hacemos. Todas podemos utilizarlo creando nuestras propias historias cuando nos entrevistan sobre los temas al final del foro.

La importancia del entrevistador

Ningún relato es absoluto e inmutable. Ningún relato es "objetivo", siempre incluye a las entrevistadoras. Así que, deja que entren. Esto es lo que ocurrió durante las entrevistas después del foro en esa ciudad:

Entrevistadora del periódico principal de la ciudad: ¿Dr. Mindell, por qué invitó a un neonazi y cuál es su formación y experiencia en ese ámbito?

Arny: Usted parece una mujer de la corriente dominante; ¿puede decirme cuál es su origen étnico, por favor?

Entrevistadora: ¿Por qué me pregunta algo así?

Arny: Usted me acaba de preguntar algo parecido, y a mí me gustaría saber con quién estoy hablando. Por favor, cuénteme de dónde viene y quién es. El público necesita saber tanto de usted como de lo que ocurrió aquí esta noche. Después de todo, ambos somos roles del campo.

La entrevistadora apagó la grabadora y procedió a contarme una historia conmovedora sobre sí misma. Me contó que estaba extremadamente interesada en temas de diversidad debido a su orientación sexual. Se lo agradecí y le dije que invitar a un neonazi era como invitar a una persona abiertamente homófoba. Expliqué que *no* escuchar a grupos extremistas, sólo los fortalecía y los volvía más impredecibles y peligrosos fuera del Foro Abierto. Ese fue el motivo por el que invitamos a los neonazis a venir.

En lugar de polarizar, publicó un maravilloso artículo sobre ese foro, abarcando una buena parte de la verdad, al incluir diálogos entre las diferentes partes del foro. No dijo mucho sobre sí misma, pero fue lo más justa posible hacia ambos bandos. Mucha gente se hace periodista por su interés en el cambio social. No dejemos que éstos sean fantasmas invisibles.

Respuestas a las preguntas de los medios sobre el foro

Intentar responder a las siguientes preguntas puede ayudarte a preparar y concluir un Foro Abierto y/o a tratar con tu propio crítico interno después. Aquí hay algunas de las preguntas con las que hemos tenido que lidiar Amy y yo a lo largo del tiempo, en distintos lugares, y cómo respondimos a esas preguntas.

¿Funcionó el foro? Una respuesta es preguntar, "¿Qué quieres decir con *funcionó*? ¡Si la medida del éxito es la velocidad, la paz, y los números, entonces sí y no! El camino hacia la paz se abre rápidamente en los Foros Abiertos grandes. A veces se llega a resultados sorprendentes casi de inmediato. Sin embargo, la paz es un proceso, lleva tiempo, requiere trabajo de grupos grandes. ¡La paz requiere trabajo de relaciones y trabajo interno individual! Algunos de los ejemplos ya mencionados en esta entrevista muestran cómo abordar tensiones serias alivia sufrimiento futuro en las organizaciones y ciudades.

¿Hubo éxito financiero? Sí; si nos estamos refiriendo a la justa distribución de derechos materiales, entonces las organizaciones para las que hemos trabajado, incluyendo los grupos aborígenes, incrementaron sus posesiones y sus derechos materiales. En este sentido, los Foros Abiertos "funcionan". Una disminución de la tensión en las organizaciones, mejora el ambiente de trabajo e inevitablemente tiene efectos beneficiosos en la situación económica de todas las implicadas.

¿De qué sirve la conciencia y el auto-descubrimiento en último término? La inquietud que hay detrás de esta pregunta proviene del hecho de que el proceso de auto-descubrimiento del Foro Abierto no produce resultados materiales inmediatos. El nivel material de la realidad consensuada y el nivel de sentimientos del Soñar están ligados. Uno no se sostiene sin el otro.

Aun así, la conciencia en sí misma sólo es una gota de agua en un gran cubo. Llenar ese cubo es trabajo de todas, todo el tiempo. Un Foro Abierto que dura dos horas es sólo una gota. Si el éxito se mide con llenar un cubo, entonces el foro que pone una gota más en el cubo de agua tiene éxito. Si el fuego del Foro enciende la vela de alguien, entonces hay más luz en esa ciudad u organización.

Sin embargo, a un escéptico que odia el conflicto, y que siente que el auto-descubrimiento es demasiado difícil, puedes decirle, "No, los Foros Abiertos no tienen éxito en el sentido de ser siempre agradables". No intentan que las personas permanezcan en silencio o que no expongan temas difíciles. El auto-descubrimiento puede ser al principio desconcertante, incluso perturbador. Sin embargo, si el proceso grupal fuese practicado con las niñas y niños desde sus primeros años en la escuela, los Foros Abiertos serían más fáciles cuando las personas fuesen adultas.

DESCUBRIENDO A LOS MEDIOS COMO UN GRAN SUEÑO

Para poder sentir que los medios de comunicación son parte de ti y poner a prueba mi teoría de que los medios son un gran sueño, prueba el siguiente trabajo interno.

1. Imagínate cogiendo un periódico y leyendo un titular increíble, cualquiera que se te ocurra. En tu imaginación, ¿qué dice el titular? Una de mis lectoras, por ejemplo, imaginó lo siguiente: ¡El Foro Abierto logra una reconciliación milagrosa ante un abuso de poder!

2. Imagina ahora el texto debajo del titular. Escribe unas cuántas líneas de esa historia. La mencionada lectora, por ejemplo, escribió lo siguiente: Un bando dijo que ya no estaba interesado en el debate porque ya habían sufrido bastante y lo que querían era un cambio inmediato. Del otro bando vinieron muy pocos, pero insistieron en que no había ningún problema. Al final, una

señora mayor asombrosamente objetiva e imparcial se levantó y dijo cosas notables que dieron sentido a todo y lograron reconciliar a ambos bandos, al menos por ese día.

3. Ahora intenta recordar un sueño reciente. ¿Cómo era el sueño? Escríbelo. La lectora mencionada, por ejemplo, soñó que "el Dalai Lama vino a la ciudad".

4. Compara la historia "de los medios" con este sueño. ¿Qué te da la historia que no te da el sueño? La mencionada lectora dijo: "El Dalai Lama debe ser el espíritu que está detrás de la señora mayor de la historia 'de los medios'. Es interesante, porque el contenido de mi propia vida no parece darle sentido al sueño, pero la historia de los medios sí se lo da. El sueño, dice que necesito a alguien como el Dalai Lama en mi vida cotidiana para solucionar un conflicto de abuso que tengo conmigo misma. ¡Necesité a la señora y al Dalai Lama, por así decirlo, para comprender el significado de ambos bandos, y dejar de preferir uno sobre otro!"

5. ¿En qué sentido estás durmiendo en la vida cotidiana? Mira los "titulares" de tu historia. ¿Están describiendo acontecimientos importantes sobre tu vida interior de los que no eres muy consciente? Mi lectora, por ejemplo, escribió: "Sí. Mi sueño y mi historia están tratando de despertarme con grandes nombres como 'Dalai Lama, ganador del premio nobel de la paz'. ¡Esa soy yo! El 'sensacionalismo' produce imágenes impactantes para que me tome más en serio los nuevos cambios que intentan tener lugar dentro de mí".

6. ¿Cuál es el contexto del sueño y del titular? ¿Qué mundo y qué momento vital están detrás del artículo? La lectora, por ejemplo, había estado deprimida, sin darse cuenta de que por detrás de la vida cotidiana estaba apareciendo una nueva manera de ver las cosas. Esto fueron grandes noticias para ella.

Espero que este trabajo interior te permita ver que detrás de los medios hay mucho más que su representación evidente; el modo como los periódicos, radio, y televisión ocupan el "rol de los medios". El rol de los medios sólo está ocupado en parte por los medios de comunicación de masas. La cuestión es que todas somos responsables de cubrir el rol de los medios y crear nuevas historias y grandes sueños.

Cosas a recordar

1. Los medios son al mundo lo que un gran sueño es a la persona que duerme. Los medios te piden noticias breves y te hacen sentir más importante que el resto de la comunidad.

2. Sé consciente de todos los puntos de vista dentro de ti, en lugar de dejarte polarizar por los medios y confrontarte con los puntos de vista bueno/malo, éxito/fracaso.

3. Los medios sacan los problemas de contexto. Valora el relato que intentan contarte pero vuelve a ponerla en contexto, recordando a todo el mundo los objetivos principales y el trasfondo histórico del foro.

4. El diálogo y los cambios sutiles de sentimientos no dan dinero. El bien y el mal son más simples que la conciencia sutil. Pero los procesos son donde ocurren lentamente (aunque a veces de un modo inmediato) los cambios importantes e inconmensurables.

5. Si eres pasivo en relación a los medios, los verás como malos y a ti como bueno. Sin embargo, si escoges ser activo, puedes utilizar tu propio pensamiento dualista para crear tu propio relato.

6. Escribe tu propio relato sobre lo que te imaginas que podría, o debería, ocurrir en tu organización o ciudad. Esta es la historia que te está moviendo.

7. La verdad completa incluye la sutileza y el diálogo, además de la personalidad y punto de vista del periodista. Nadie es únicamente un rol. *Quién* ese periodista es, pertenece al relato.

8. ¿El foro funcionó? Sí, siempre, en lo que se refiere al aumento de conciencia. Si todo lo que hizo fue anunciarse y publicitarse, ya fue un éxito.

Capítulo 10

La vacuna de la gripe contra la guerra

A nadie le gusta estar en una empresa con problemas, en una escuela tiranizada por algunas, o en una organización que perjudica a las personas. Sin embargo, ya sea porque sabemos poco del tema, o porque vemos el proceso en términos simples de personas buenas y malas, irreconciliables entre sí, todas contribuimos a la tensión, a la guerra entre los distintos bandos.

Si quieres evitar coger una gripe puedes ponerte una vacuna preventiva. Esta vacuna funciona poniéndote un poco de la misma gripe. Mediante ese poco de gripe que te inyectan, tu cuerpo aprende a protegerse contra futuras gripes. El mismo principio es cierto para los problemas en las organizaciones, la guerra y la violencia. Los Foros Abiertos tienden a prevenir la violencia dando a la gente una pequeña cantidad de problemas potenciales, en forma de discusiones intensas. Mediante esa pequeña cantidad de problemas, el cuerpo comunal aprende a protegerse contra problemas más graves.

Hay personas que no toleran ni siquiera los síntomas más leves de la gripe y no reciben la vacuna, por lo que pueden coger una gripe grave más adelante; del mismo modo, las culturas que no toleran los diálogos intensos del Foro Abierto (y eso incluye a la mayoría de culturas) sufren violencia, y después guerras. Lo que quiero decir con esta analogía es que la guerra no aparece de la nada. Lleva *tiempo* crear una guerra. Cuando hay guerra contra la guerra, por así decirlo, y se ignora la tensión, ésta se convierte en enemistad; cuando se ignora la enemistad, ésta se convierte en violencia y guerra.

Ahora mismo hay mucha violencia en el mundo. Niños y niñas de comunidades marginadas de todo el mundo se suicidan de una forma u otra. Niños y niñas de la corriente dominante se matan unas a otras como nunca antes había pasado. En Estados Unidos, por ejemplo, aproximadamente cada mes, un grupo "declara la guerra" a otro, dejando tras de sí cuerpos heridos y muertos. ¿Dónde están los Foros Abiertos?

La guerra podría fácilmente llegar a ser algo obsoleto. Sin embargo, requiere movimientos de base. Recuerda Vietnam. Recuerda cómo los movimientos de base de Sudáfrica lo cambiaron todo, incluyendo la política estadounidense hacia el gobierno de Sudáfrica. Recuerda los movimientos de trabajadoras y de derechos civiles. Recuerda la Revolución de Terciopelo en la antigua Checoslovaquia. A estos movimientos les siguieron reformas en las políticas económicas.

La guerra requiere lo máximo de ti

Debemos recordar que para mucha gente, nada resulta tan estimulante como la guerra. Para acabar con las guerras, tenemos que comprender que a muchos les da razón de vivir. En la guerra podemos ser los héroes y las heroínas que no podemos ser en nuestra vida cotidiana. En la guerra, podemos ser chamanes, ya que podemos utilizar inteligencia extrasensorial para salvarnos a nosotras y a nuestra gente y para destruir a quienes generan problemas. Necesitamos todos nuestros recursos para crear una guerra. Podemos utilizarla para hacer que nosotras mismas y nuestras vidas valgan la pena. ¡Supera esto!

El Foro Abierto supera eso. El worldwork, adaptado al Foro Abierto, ha sido utilizado en zonas de guerra y áreas de conflicto intenso en el mundo entero. Espero que el Foro Abierto sea utilizado en el futuro como un método para evitar conflictos graves permitiendo que hayan algunos conflictos, dejándoles ser, y hallando las resoluciones dentro de los acontecimientos mismos. Espero que el Foro Abierto sea utilizado como un método para tratar la tensión, una vez ésta ha sido reconocida.

El primer paso para un facilitador trabajando en áreas de conflicto grave o zonas de guerra, es el de reconocer que "hoy eres tú, mañana yo". Hoy la gente aquí parece enloquecida y no puede renunciar a su deseo de venganza, pero mañana yo mismo podría estar enloquecido. Cualquiera puede perderse en la venganza.

La razón por la que subrayo la necesidad del facilitador de conectar con su propia población interna en pie de guerra, es porque muchas facilitadoras que no están viviendo en zonas de guerra no consiguen comprender por qué la gente no deja atrás su historia y deja de tomar represalias. Las personas en conflicto parecen dementes, locas. Esta perspectiva es, en parte, una proyección de los propios problemas familiares no resueltos.

Muy pocos lugares de la Tierra están libres de violencia; prácticamente todo el mundo tiene el potencial de buscar venganza y tomar represalias. Tenemos luchas competitivas a vida o muerte, guerras de género, conflictos raciales y religiosos por todas partes. Simplemente observa el pueblo en el que vives, o la ciudad más cercana. Mira atrás en tu vida, y contempla tu vida presente, mira a las personas que crees "inferiores". Entonces sabrás que la guerra no está en un único lugar. De hecho, cualquier guerra es la guerra de todas.

TEORÍAS DE LA GUERRA

Cuando era pequeño, la polio dejaba a los niños tullidos. Hoy en día podemos decir que prácticamente nadie contrae esa enfermedad, porque hay una vacuna que impide que el virus se instale. Según mi teoría, la existencia de una sola guerra quiere decir que el mundo, visto como un todo, no ha solucionado el problema de la guerra; no ha evitado que se instale el virus del odio. Por lo tanto, el problema de una guerra en una área significa, para mí, una guerra mundial.

En los Balcanes, durante la guerra entre serbios y albaneses en Kosovo, Estados Unidos bombardeó a los serbios, acusándoles de limpieza étnica, de destruir a los albaneses. Una noche durante esa guerra, hubo tiroteo en masa en una escuela de Colorado y el Presidente Clinton declaró en televisión, "¡Los Estados Unidos deben enseñar a sus jóvenes a arreglar los problemas sin armas!" Por un lado, estaba bombardeando, mientras que por el otro, defendía justamente lo contrario. Ese es nuestro mundo. No existe el concepto de una guerra en una zona aislada. Vivimos en un mundo donde las dos manos de cualquier líder político están en guerra entre sí.

Tenía la guerra en mente cuando estaba escribiendo este capítulo. Miembros de una revista para asesores políticos del gobierno noruego nos pidieron ayuda para crear un tratado de paz viable en Kosovo. Nos recordaron lo que habían logrado unos años antes en Oriente Próximo, en los llamados "Acuerdos de Oslo". Su revista investigaba por qué sus métodos estaban fracasando en Kosovo. Habían probado el método de Jimmy Carter (que, por cierto, era referido como un "método orientado a procesos de resolución de conflictos"). Querían saber qué pensábamos de la guerra.

Antes de explicar mis propias ideas sobre la guerra, quiero resumir algunas teorías sobre la guerra para mostrar donde encaja la mía. Primero, definamos la guerra como un conflicto violento a gran escala, nacional o internacional, en el que los países aprueban el asesinato. Los actos individuales de violencia pueden ser entendidos como versiones de la guerra con menos personas y lugares involucrados. En ambos casos, se ejerce fuerza física con la intención de dañar y matar a otras personas. La situación global e individual están muy ligadas una a la otra.

A continuación expongo varias teorías sobre los orígenes de la guerra:

Nacionalismo. Algunas teorías políticas sobre la guerra se centran en el concepto de *identidad* nacional como variable fundamental en la creación de la guerra. Una nación determinada (o grupo) tiene una identidad que necesita ser respetada, y si otro país niega dicho respeto, tenemos los orígenes de la guerra: una hostilidad a punto de estallar.

Por ejemplo, la Segunda Guerra Mundial comenzó, en parte, debido a la humillación que sintió la población alemana a causa del Tratado de Versalles fruto de la Primera Guerra Mundial. Esta humillación dejó a la población vulnerable al tipo de "salvación" que Hitler ofrecía: una guerra para demostrar su superioridad y, al mismo tiempo, "limpiar" el mundo de seres humanos indeseables. La humillación y el daño juegan un gran papel en la guerra, del mismo modo en que son cruciales en los actos individuales de violencia.

Capitalismo. Se dice que la guerra genera dinero para gente de los países capitalistas. La investigación y producción tecnológica relacionada con la guerra crea trabajo, y mejora la economía. Las naciones poderosos ganan dinero con la guerra vendiendo aviones, armas, ordenadores, etc. Así pues, "la guerra tiene sentido" económicamente, aunque las ganancias son normalmente a corto plazo y tarde o temprano desastrosas para las personas y el entorno. Las formas del capitalismo extremo se centran en la ganancia económica de individuos y grupos. La teoría dice que los beneficios económicos para los pocos que hacen armas aumentan la tensión entre ellos y la población civil, así como entre su propio país y otras naciones.

Biología. Esta teoría afirma que los seres humanos tenemos los genes de los monos; somos agresivos, como nuestros predecesores evolutivos. Los biólogos explican la guerra biológicamente. Estamos poseídos y programados por el instinto de lucha, y esto es lo que causa la guerra.

La necesidad de militares. Las teorías militares ven al ejército como el elemento definitorio de un país. Un país poderoso es uno con muchos guerreros. Cuánto más poder tengas, mejor te va a ir. Para tener seguridad, necesitas un ejército poderoso que te proteja. Tener un ejército es como tener un arma. Empiezas a buscar a un enemigo al que disparar.

Factores de la "sombra". Algunas teorías psicológicas de la guerra están cerca de la perspectiva biológica cuando afirman que la guerra se debe al hecho de que los hombres son agresivos y disfrutan machacando a otros hombres. Otra teoría de la guerra recoge el concepto junguiano de la "sombra", que se refiere a esa parte nuestra que no nos gusta y de la que nos desembarazamos proyectándola sobre otras personas, a las que después miramos con desprecio. La proyección de nuestra "sombra" o nuestra "parte oscura" (una descripción psicológica inconscientemente racista) "ahí fuera", es el origen de la guerra.

Religión. Algunas teorías dicen que la guerra surge cuando las personas no respetan al Gran Espíritu. En lugar de creer algo como "Que se haga tu voluntad", en la guerra las personas sienten "Que se haga mi voluntad". Algunos grupos dicen, "La guerra se debe al karma del pasado". Los no creyentes responden que la religión misma es el origen de la guerra.

Pacificación. La teoría de la guerra que he subrayado en muchas partes de este libro es que la paz en sí misma es utilizada como paradigma para contrarrestar la tensión. Estar en paz se considera mejor que estar en conflicto. Por lo tanto, la paz conflictúa con el conflicto y por eso fomenta y amplifica las tensiones existentes y crea la base para la guerra.

A estas teorías quería añadir lo que llamo miedo a los sueños: miedo a grupos grandes y diversos.

MIEDO A LOS SUEÑOS: MIEDO A GRUPOS GRANDES Y DIVERSOS

La mayoría de teorías sobre la guerra no proponen trabajar con todo el sistema ni con las secciones holográficas de los sistemas que encontramos en los Foros Abiertos. La resistencia contra el pensamiento sistémico no es a nivel teórico; el miedo se debe a la poca familiaridad con grupos grandes y diversos en conflicto, a una falta de conexión con los sueños.

Ira. En lugar de trabajar con la ira, la cual es absolutamente central a cualquier tipo de conflicto, la mayoría de teorías intentan hacerla desaparecer o darle una explicación. ¡Muchas mediadoras o negociadoras modernas incluso envían a la gente fuera de la habitación si se enfadan! Debemos cambiar nuestra concepción de la ira y darnos cuenta de que no es tan difícil trabajar con ella. La mayor parte de la ira emerge como respuesta a no sentirse escuchado, respetado o a sentir que no se confía en ti. Por lo tanto, confiar, escuchar y respetar son las claves, y no cuestan nada.

Aspectos multidimensionales de la violencia y la guerra. El trabajo con grandes grupos debe ser complementado simultáneamente con trabajo interior e interpersonal. Hemos tenido buenas experiencias de trabajo con grupos grandes en zonas de conflicto o guerra, al mezclarlo con o seguirlo de trabajo interpersonal entre las partes en conflicto (véase mi *Sentados en el fuego*) y de trabajo interno. No puedo entrar en detalle en los métodos necesarios en este libro, pero sí esbozar el cuadro general; el cual incluye conciencia de *rango* y *poder* en los grupos grandes, en las relaciones, en las familias, y dentro de cada individuo.

La conciencia de rango juega un papel fundamental en todo tipo de violencia, tanto en grupos, como en relaciones como a nivel individual. Por ejemplo, las adolescentes se vuelven violentas cuando son rechazadas por sus semejantes y se sienten marginadas. La raza como factor de rango juega un papel en "marginar" a las personas. Aquellas personas con menos habilidad atlética, poder físico, atractivo físico consensuado, o inteligencia son tratadas a menudo con menos respeto y consideradas de menos valor, provocando que se sientan rechazadas y se vuelvan vengativas.

Necesitamos más conciencia de rango y de nuestros propios deseos internos de venganza y contraataque. Mi libro *Sentados en el fuego* contiene más sugerencias sobre cómo trabajar estos temas.

Todas las teorías sobre la violencia ven una parte del mapa. Para ver todo el mapa, sin embargo, debemos tener en cuenta todas las teorías simultáneamente. No podemos separar un tema o un enfoque de otro. Por ejemplo, al trabajar con los factores nacionalistas que contribuyen a la violencia, debemos recordar la economía. Cuando trabajamos con los factores económicos, tenemos que recordar la raza y el género. Cuando trabajamos con el sexismo tenemos que recordar los temas de salud. Cuando trabajamos con los temas de salud debemos recordar la orientación sexual. Cuando trabamos la orientación sexual tenemos que recordar el racismo.

Necesitamos una conciencia multinivel. Al tratar temas sociales, tenemos que recordar la biología y la genética, el instinto de lucha, y apreciar también la diversidad de las perspectivas religiosas.

Piensa en un avión. Para diseñar un avión debes saber a que altura volará. Tienes que conocer los efectos que la gravedad, la altitud y la velocidad producirán en el avión. Tienes que calcular la potencia del motor. Hay que mantener la presión constante dentro del avión; la estructura debe ser sólida. Necesitarás un sistema de radares para comprobar el tráfico aéreo. Debes tener en cuenta la temperatura del avión. Asegurarte que los pilotos no se dormirán. Con que se te escape sólo un factor el avión puede estrellarse.

El mismo principio es aplicable a las grandes comunidades: si te enfocas en sólo uno o dos temas la comunidad se estrella. Si te olvidas de un factor, el avión se vendrá abajo. Si te enfocas en el control de las armas pero te olvidas de la conciencia de rango, seguirán habiendo asesinatos. Se debe pensar en todos los factores y coordinarlos constantemente.

En mi trabajo de grupo con escuelas, empresas, comunidades, ciudades, y temas nacionales, recomiendo que se seleccione a alguien, o a algún grupo, para coordinar la atención a los diversos factores. Las líderes, como el público, piensan que los problemas del mundo se deben a un único factor: o a la economía, o al instinto de lucha, o a la "sombra", o a otras naciones agresivas. Sin embargo, un facilitador bien despierto dice, "¡No os olvidéis de los otros factores, como la conciencia de los grandes grupos y la conciencia individual!" Éste es el mensaje del activista psicosocial multinivel, buscando facilitar la conciencia simultánea de factores y niveles, etc. El activista sabe que mientras haya violencia *en alguna parte,* significa que no estamos trabajando juntas en todas partes.

El mundo necesita coordinadoras de conciencia para facilitar el proceso de trabajar conjuntamente. Los grupos de personas trabajando juntas, cada una con su propia experiencia, pueden solucionar el problema de la violencia en una comunidad. Esto lo sé porque he visto cómo se reduce la violencia a partir de los Foros Abiertos grandes.

Si uno de los motivos por los que la guerra nos estimula es porque nos exige el máximo, hagamos entonces de nuestra vida cotidiana algo igual de desafiante. ¡Intenta trabajar tu relación con alguien que no te guste! Solucionar ese problema puede exigir tanto esfuerzo como intentar traer la paz donde hay guerra.

La guerra como paraguas. Al trabajar con grupos en Foros Abiertos durante tiempos de guerra, la furia, el enfado, y la violencia son inminentes porque son fantasmas. La guerra es el paraguas que recuerda a todo el mundo sus peores historias de abusos. Nos recuerda las heridas, las peleas, y la violencia de nuestras historias personales. Una guerra nos recuerda todas las guerras.

Durante la guerra de los Balcanes, nuestro grupo en Portland celebró un Foro Abierto para explorar por qué Estados Unidos intervino en Kosovo. La no-linealidad fue la regla. Aunque las facilitadoras intentaban mantener el foco en esa guerra en particular era imposible. La gente coreana se quejó de las invasiones japonesas durante la Segunda Guerra Mundial. Aparecieron viejos conflictos de la Guerra Civil entre las participantes estadounidenses. Se mencionaron las persistentes enemistades entre Estados Unidos y Alemania, y entre Polonia y Rusia.

La guerra nos recuerda la inquieta agonía interna que llevamos dentro de nosotras mismas. Muchas personas en Estados Unidos son inconscientes de las guerras fuera de su país porque no han experimentado la guerra en su tierra desde la Guerra Civil (asumiendo que ignoramos los persistentes conflictos étnicos y la "guerra" con la gente nativa americana). Otra razón por la cual las personas se vuelven inconscientes de las realidades de la guerra es que son inconscientes de los conflictos en sus propias familias, o escogen ignorarlos. Así, cuando comienza una guerra en algún lugar, mucha gente se horroriza, aun cuando el conflicto es inminente casi en cualquier parte de la vida personal.

La violencia es un estado extremo. Intentar conducir a las personas que sienten odio, rabia, y violencia hacia un estado de conciencia más manejable y normal, mediante sugerencias de buena voluntad o de no-violencia casi nunca funciona durante mucho tiempo. Recuerda el foro en Dublín que mencioné anteriormente en este libro. Pedir a los combatientes que se calmaran no ayudó; lo que *sí* ayudó fue la conciencia.

Prefiero enmarcar la violencia como un estado de conciencia extremo y tratarlo como tal. Una manera de tratar con estados extremos es unirse a ellos. Unirse a alguien en un estado violento y peligroso y decir "¡SÍ! Por favor, comprended de donde venimos 'nosotras'", mejora la situación, si se hace espontáneamente y de un modo genuino.

Recuerdo que durante un Foro Abierto me uní a una persona asiática que comenzó a gritar y amenazó con irse de la sala. Casi no se la entendía, por lo furiosa que estaba con otras naciones asiáticas que denigraban su país. Mientras gritaba, me puse a su lado y me uní a sus demandas: "Queremos respeto, queremos que nuestros temas sean escuchados, y nadie lo ha hecho. Comprended que no estamos furiosas y violentas porque seamos así, sino por el dolor del pasado. Sí, buscamos venganza, pero queremos más que simple venganza. No nos menospreciéis por estar enfadadas. Recordad el dolor de la historia. Estoy gritando para que se me escuche, e intensifico la situación porque el resto del mundo se sienta en su sofá y no hace nada, del mismo modo que algunas de vosotras estáis ahí sentadas mirándome por encima del hombro".

Mientras yo, con verdadera pasión (sacando cosas de mi propia experiencia de furia cuando no me escuchan), continuaba dando voz a lo que imaginaba que estaba detrás de su momentáneo estado extremo, ella se calmó y escuchó. Yo continué. "Si hubieseis vivido lo que yo he vivido no seríais tan engreídas. Comprenderíais que quiero un mundo mejor, un mundo donde las atrocidades como las que he vivido yo no ocurran más. ¡Quiero un mundo mejor!" Se calmó, y aquellas que habían sido llamados "engreídas" quedaron afectadas.

ACERCARSE AL PODER DE LA CORRIENTE DOMINANTE

En el momento en que terminé con el bando de ella, me pregunté cómo podía adentrarme más profundamente en el sentir de las personas de la corriente mayoritaria que acababan de ser acusadas de engreimiento. El mensaje de ese bando era "¿Quién quiere tratar con estos temas relacionados con la guerra? Mi vida personal está bien tal y como es. ¡Déjame en paz!" Estas personas tienen la buena suerte y el privilegio de poder ignorar situaciones en sus entornos inmediatos; pueden relajarse, ver la televisión y hacer zapping.

¿Cómo tratar con la parte del mundo que siente, "Oh, esto es demasiado, no quiero pensar en ello"? Hay todo tipo de maneras de tratar con esto. Algunas personas lanzan bombas, otras cometen ataques terroristas. Otra manera, es unirte a las personas de la corriente dominante acercándote a su posición "engreída", que realmente es un miedo a la ira y al conflicto. Quizá en la esencia de este bando está el sentimiento, "No quiero posicionarme, quiero ser neutro y pacífico y limitarme a criticar a otras personas". Como facilitador, puedes apoyar a este bando de la comunidad enmarcando el deseo de salir del conflicto como un deseo de estar centrado, ser pacífico y neutral.

Ayúdales a quedarse fuera y valorar la paz. ¡Quizá puedes utilizar esto para ayudar a otras a trabajar con sus conflictos! Ayuda a las amantes de la paz a que comprendan que no deberían crear la "guerra" sintiéndose superiores a aquellas que están enfadadas y que se expresan de un modo más emocional. La ausencia de emoción es a menudo una forma de comportamiento contraída por quienes gozan de un rango económico, social y/o espiritual mayor. Pero quién tiene *verdadero rango* entendería que mientras estemos en la forma humana, todas somos tanto agua como fuego.

Pienso en las naciones neutrales y en cómo intentan permanecer fuera de la guerra. Estos países y personas podrían tener un poder increíble para ayudar a otros lugares del mundo. Sin embargo, gente y naciones con privilegios tan inmensos (con el privilegio de poder elegir la paz y la tranquilidad) no están utilizando su neutralidad como vehículo para fomentar desarrollos positivos. En una entrevista reciente con un periódico suizo, sugerí que Suiza utilizase su declarada neutralidad para estudiar y desarrollar procedimientos de resolución de conflictos y sentirse orgullosa de sí misma como facilitadora entre naciones (en lugar de permanecer neutrales mientras utilizan la guerra para enriquecerse). Además, todas aquellas personas que tienen el privilegio de vivir vidas pacíficas podrían celebrar un Foro Abierto (o un curso) en sus lugares de trabajo y sus familias.

Como facilitador en un Foro Abierto, cuida a las personas con privilegio y poder; ocupan posiciones que pueden alinearse con tu trabajo para hacer de la guerra algo obsoleto. También ellas necesitan ser recordadas en los debates feroces. Cuídalas mediante la comprensión y uniéndote a ellas cuando sean atacadas y no puedan defenderse. Recuerda que las *personas* no son *roles*.

Intenta adoptar un rol dominante y decir, "Aquellas de nosotras que somos parte de la corriente dominante no nos acostumbramos a identificar con tener rango social y poder. Estamos empezando a aprender sobre esas cosas que dábamos por hechas. Ahora comprendemos que podemos utilizar nuestro privilegio para ayudar a otra gente".

Si no ayudas a las personas de posiciones marginales que buscan venganza a redefinir su posición y buscar un mundo mejor, las represalias contra la corriente dominante aparecerán durante el Foro Abierto, e incluso seguirán después tomando la forma de terrorismo. Cuando la guerra y la violencia se vuelven inminentes en el foro, adopta la posición marginada y explica la sensación de odio y venganza, después cambia de bando para expresar también los sentimientos de la corriente dominante.

Una vez ambos bandos han sido representados, surge el momento en que *crecer juntas* se vuelve posible: Este crecer juntas es la semilla hacia un mundo más pacífico. A menudo, cuando la guerra es el tema y las posiciones están polarizadas, una postura está evitando el conflicto mientras que la otra evita el dolor y la frustración. Sin facilitación, la frustración lleva al enfado, a la rabia y a la venganza. De nuevo, si puedes sentir los dos bandos y articularlos, aparece el crecer juntas. *La solución a la guerra no es la paz, sino crecer juntas.*

Cuando empieza este proceso de crecimiento, el bando que ha sido marginado empieza a rememorar recuerdos dolorosos y largamente olvidados sobre la guerra. Ese dolor, que todo el mundo quería olvidar, surge del pasado y aparece a través del espíritu de la muerte. Como facilitador, debes oír y lamentar esa historia, que ahora mismo se ha hecho presente. Entra en la historia, no la esquives. Ahí encontrarás la esperanza de un futuro mejor. Pregunta incluso a la gente muerta qué tipo de mundo querrían crear hoy. Las personas muertas pueden ser más sabias que las vivas. Recuerdo foros en Europa donde hablaron las muertas por primera vez, pidiendo a las vivas que aprendiesen de la historia. La excepción a hacer esto es si estás trabajando en una área donde la violencia o la guerra acaba de desaparecer. En ese caso, puede ser que la gente incluso necesite ayuda para evitar esos temas en un Foro Abierto, y eso requiere amabilidad y paciencia.

Hemos conocido terroristas de diferentes partes del mundo que se han pasado la vida luchando por su causa y han matado a otras personas. Los "asesinos" nos dijeron que su sentimiento de venganza sólo era la punta del iceberg; en el núcleo de la venganza había una profunda necesidad de recordarle al otro bando la agonía del pasado, que sigue en el presente porque ha sido ignorada. La historia es un fantasma que nos rodea aquí, ahora, hoy. Además, la agonía no para si no se expresa su esencia: "Por favor, recordad que no estamos simplemente vengándonos; detrás de nuestra rabia hay una búsqueda de igualdad".

Es cierto que la venganza es momentáneamente dulce, pero el proceso asombroso que lleva a la igualdad y a las relaciones es más dulce incluso. Esto lo sé por haber trabajado con personas que han matado a otras. Aquellas que atacaron a gente de la corriente dominante están intentando que quienes llamamos gente de la corriente dominante recuerden su propia agonía reprimida. La teleología de tales ataques, es devolver a la conciencia la experiencia que todo el mundo tiene de haber sido ignorado y los sentimientos marginados de rabia y violencia que resultan de esa experiencia. Muchas personas de posiciones dominantes se desentienden de esos sentimientos para poder seguir viviendo de una determinada manera. Reconocer los estados extremos de uno mismo no es fácil, pero la sensación de alivio hace que merezca la pena.

Los Foros Abiertos y el teatro vivo. Sugiero celebrar Foros Abiertos en televisión y utilizar facilitadoras que comprendan estos estados mentales agónicos. Muestra estos foros sobre temas de violencia a medios de comunicación de zonas propensas a la violencia. Procesa la intensidad de la guerra entre grupos opuestos en la radio, en la televisión y por correo electrónico. Haz esto en todos los lugares donde la violencia sea inminente. Puede ayudar.

Si procesas ambos bandos de un tema determinado en la televisión, y en otros medios de comunicación electrónicos de una manera pública, existe la posibilidad de que las personas en guerra y la gente que está mirando, se sienta comprendida. Cuando las personas nos sentimos vistas y representadas, hay un alivio.

Esto me recuerda a un hombre homosexual que conocí un día en una esquina del centro de Portland cuando estaba corriendo con Amy. Acabábamos de facilitar un Foro Abierto en televisión entre activistas homosexuales y un grupo cristiano en contra de los derechos de la gente homosexual. Había habido violencia entre los grupos, y ambos bandos estaban aterrorizados. Para no extenderme demasiado, contaré que el Foro Abierto consiguió llegar a la base común que compartían ambos grupos: el miedo de ser apaleado y la esperanza de un futuro con más seguridad. La escena fue muy conmovedora y fue transmitida por canales de televisión públicos de la localidad. En la calle, él nos saludó, y nos agradeció el trabajo que toda la comunidad había hecho para hacer más segura su vida y la de sus amigos. Amy y yo nos emocionamos, pero lo más importante era habernos dado cuenta de lo crucial que fue que ese Foro Abierto apareciese en televisión. En el pasado, el teatro interpretaba nuestros problemas culturales y eso tenía efectos sanadores en la comunidad. El teatro es importante. Nos da la oportunidad de ver nuestros propios temas interpretados.

¿El mensaje? Comienza en casa. Anima a tu familia, tu organización, tu pueblo y tu ciudad a estar orgullosas de sus diferencias y a discutirlas en público. No ocultes la diversidad, sobre todo cuando la violencia está a punto de estallar.

En una situación tensa en un instituto, saca a relucir la diversidad y las tensiones entre la gente llamada "popular" y la "empollona". Muestra las diferencias que hay en habilidades, en rango, y en prestigio social. *Muestra* la venganza. *Entiende* las represalias. Ten compasión por la ira. En las empresas, saca los problemas a la luz antes de que molesten a nadie. Crea un *"Playback Theatre"*; muestra y recuerda a todo el mundo lo que ocurrió. Reíd y llorad juntas.

Guerra e iluminación. La guerra puede ser un proceso de iluminación. La guerra es tan terrible que casi nos fuerza a redescubrir la poesía sanadora, el amor, el perdón. Canciones como *"For Whom the Bell Tolls"* ("Por Quién Doblan las Campanas"), *"Where have all the flowers gone"* ("¿A Dónde Fueron las Flores?") y "Dona, Dona, Dona" nos recuerdan lo inefable. Siempre me ha emocionado una canción cantada por un hombre camino a su muerte en un campo de concentración.

En un carro de camino al mercado
Hay un becerro de ojos llorosos
Muy por encima suyo hay una golondrina
batiendo las alas rápidamente a través del cielo.
Cómo ríen los vientos
Se ríen con todas sus fuerzas
Ríen y ríen durante todo el día
y media noche de verano.
Dona, Dona, Dona, Dona.

"Deja de lamentarte", dice el granjero
"¿Quién te dijo que fueras un becerro?
¿Por qué no tienes alas con las que volar?
Como esa golondrina, orgullosa y libre"
(Coro)
Los becerros son atrapados y matados con facilidad
Sin saber nunca el porqué
Pero quién atesora la libertad
Como la golondrina, aprenderá a volar.
-Aaron Zeitlin, 1940

Esta canción es a la vez hermosa y difícil. Es duro ver la imagen de un ser humano teniendo que aceptar ser conducido a la muerte, como un becerro de ojos llorosos. Da escalofríos. Desde otro punto de vista, el punto de vista del pájaro, la golondrina aprendiendo a volar, la canción dice que los vientos se ríen mientras debajo el ganado es conducido. La cercanía de la muerte y la injusticia de la guerra se cruzan en la comprensión divina de este autor. Los vientos permanecen impasibles y el pájaro vuela libre y puede ver al animal a punto de ser sacrificado "sin saber nunca el porqué". Aun así, "quién atesora la libertad... aprenderá a volar". Pienso también en el pasaje del Bhagavad-Gita en el que se cuenta la discusión increíble entre el guerrero Arjuna y el divino Krishna en el campo de batalla en la víspera de la guerra. Krishna habla de desapegarse de todo lo referente a este mundo.

Tengo la esperanza de que ahora, después de tantas guerras, la historia nos permita aprender que somos más que un bando o el otro. El sufrimiento irresuelto causado por las heridas y sus consecuencias, las represalias constantes, sólo pueden disolverse mediante el desapego de cualquier rol. La sabiduría espiritual perenne enseña el mismo principio: desapégate del mundo, de esta persona, de sus éxitos y fracasos.

Hasta ahora, tal desapego significaba no-violencia y la trascendencia del plano material. Ahora el desapego puede tener otro significado. El desapego ya no tiene que conducir al desinterés por el mundo ni a desconectarse de él, sino a un nuevo tipo de inmersión en el Soñar. Este tipo de inmersión en los conflictos, acompañada de una apreciación de todos los bandos, puede reemplazar a la trascendencia como objetivo.

EL FUTURO DE LA GUERRA

Hoy, me doy cuenta de que mi desesperación en relación al futuro del mundo se debía en parte a tener poco conocimiento de los individuos que van a la guerra. Miraba al mundo y a su futuro de un modo negativo. Ahora que he tenido contacto con luchadoras por la libertad y con quienes empiezan las guerras, veo nuevas posibilidades. En el pasado, el mundo me parecía simplemente demente e incorregible. Hoy sé que los estados extremos de conciencia no son únicamente bombas a punto de estallar, también son invitaciones a explorar el espíritu de las relaciones, los factores que nos unen como raza humana y el ecosistema planetario.

Percibir señales, desarrollar conciencia de rango y fantasmas en grandes grupos, y aprender sobre la opresión, produce efectos asombrosamente beneficiosos. Nuestra raza humana no es simplemente inconsciente o malvada; dándole una oportunidad, podemos hacerlo distinto. No nos condenes a la extinción haciendo la guerra contra la guerra.

Necesitamos aprender a trabajar con temas polémicos. Promoviendo la democracia profunda podemos hacer algo mejor que la guerra. Los nuevos tipos de conciencia que aparecen ahora hacen que la guerra parezca pasada de moda. Si vas a la raíz de tu propia ira y de la de "otras personas", es decir, si te adentras en la violencia, sabes que la agonía no va a desaparecer mientras no se descubra su esencia: "Por favor, recuerda que no estamos simplemente vengándonos; estamos buscando igualdad".

El trabajo de conflictos es un nuevo tipo de sala de meditación, un lugar donde aprender a tomar conciencia y a adentrarnos en los sentimientos de todos los bandos del mundo y de uno mismo. De alguna manera misteriosa, la violencia potencial puede haber sido necesaria para permitirnos ver por un momento los caminos posibles hacia la libertad, y encontrar soluciones para la guerra.

Cosas a recordar

1. Cualquier guerra es una guerra mundial, pues la guerra se origina en los conflictos que no son afrontados.

2. Las teorías de la guerra marginan el trabajar con grupos grandes y diversos en los que haya bandos en conflicto.

3. Los Foros Abiertos modelan la conciencia relativa al trabajo interior, al trabajo de relaciones, al rango y al poder en todos los niveles y momentos, y de este modo reducen la violencia.

4. Para prevenir la violencia y la guerra, complementa el trabajo sobre un tema determinado trayendo conciencia de todos los otros temas que también hay al mismo tiempo. Bajo el paraguas de un problema están todos los demás. Cuando trabajes con las razas, recuerda el género. Cuando trabajes el sexismo, recuerda la economía. Cuando trabajes la economía, recuerda los sueños, la biología, la teoría militar, etc.

5. Los conflictos graves nos desafían a que hagamos nuestra vida cotidiana más estimulante y a que nos arriesguemos a procesar temas polémicos relacionados con la diversidad de nuestros propios hogares.

6. Para aliviar el conflicto, únete a alguien en un estado violento y peligroso y di, "¡SÍ! Entiendo de donde venimos 'nosotras'".

7. Si te adentras en la violencia, sabrás que la agonía no va a desaparecer si no se descubre su esencia: "Por favor, recuerda que no estamos sólo vengándonos, estamos buscando igualdad".

8. Reduce la violencia del mundo con conciencia momento-a-momento de la opresión. Una vez reconocemos que procesar los temas sociales es una de las mejores salas de meditación para llegar a la iluminación, podemos desarrollar conciencia hacia todos los bandos. Entonces descubrimos que la violencia potencial es un camino hacia la igualdad externa y la libertad interna.

9. Recordando todo esto, podemos suspirar profundamente de alivio al reconocer que ahora la guerra está pasada de moda.

Capítulo 11

El Foro Abierto como monasterio del élder

Afortunadamente, siempre que se celebran Foros Abiertos aparecen élders. Quizá son esa parte indefectible del campo de la organización que consigue elevarse por encima de los problemas del momento y cuidar del todo. A veces parece que esta gente son quienes hacen del mundo un lugar más amable.

La primera vez que me di cuenta de esto, hace unos años, adquirí la costumbre de entrevistar a las élders, preguntándoles cómo eran capaces de hacer lo que hacían. La mayoría respondieron algo así como que sentían que el mundo entero era su hijo o su familia. Un rasgo particular las caracteriza: en algún momento ellas mismas han padecido algún tipo de marginación.

La mayoría de élders multiculturales han sufrido intensamente en un momento u otro, siendo abusadas, humilladas, o despojadas de poder social. En cierto modo, este rasgo específico de haber sufrido me recuerda la imagen de C.G. Jung del terapeuta individual como un "sanador herido", es decir, alguien que ayuda a las demás porque él mismo ha superado sus propias experiencias dolorosas. Al igual que el chamán de sociedades aborígenes sufre pasando por sus aprendizajes, las mejores facilitadores-élders de Foros Abiertos también han sufrido. En cierto modo, han llegado incluso a morir, en el sentido de haberse desprendido un poco de sus identidades anteriores. Las élders multiculturales pueden haber sido víctimas de la opresión, pero aprendieron a liberarse lo suficiente del rol del oprimido como para ser capaces de ocupar los otros "espíritus" de cualquier conflicto. Parecen conocer todos los bandos, de cualquier del tema.

Verlas trabajar es realmente espectacular. Recuerdo a una mujer afroamericana riéndose, durante un conflicto enorme sobre los derechos de los latinos en la zona sur de Estados Unidos. Justo cuando todo parecía haberse atascado, cuando los distintos bandos estaban bloqueados, enfrentados, frustrados y enfadados uno con el otro, ella simplemente se rió y habló.

"Mirad esto", le dijo a todo el mundo. "¡Vamos gente, mirad esto!", sugirió. "Este es el precio de la democracia. ¡No es sencillo, pero sin duda vale la pena!" Comenzó a reírse de un modo tan contagioso que transformó la tensa atmósfera. Después comenzó a cantar: *"We shall overcome"* ("Venceremos")* Algunas personas empezaron a llorar y todas acabaron uniéndose a ella. ¡Tres minutos después, todo el mundo se estaba riendo y trabajando junto!

Durante un tenso Foro Abierto sobre el racismo (principalmente contra las aborígenes) celebrado en Australia, un judío homosexual tomó la palabra en cierto momento para echar una mano. Al principio, este Foro Abierto parecía compuesto básicamente de liberales luchando por los derechos aborígenes. Parecía que todas las racistas se habían quedado en sus casas. Puesto que nadie había sido capaz o nadie estaba dispuesto a ver su propio racismo, el racista se convirtió en un fantasma que no estaba presente. Un participante tras otro fueron hablando de las malvadas racistas que había "ahí afuera" hasta que el hombre homosexual se levantó, y dijo a todo el mundo que él era racista hacia las aborígenes.

Obviamente, no era el tipo de fanático intolerante lleno de prejuicios que normalmente asociamos al racista; no tenía una devoción obstinada o intolerante hacia sus propias opiniones o prejuicios. Sin embargo, explicó que aunque era homosexual y judío, su pertenencia a grupos oprimidos no impedía que fuese racista con otros colectivos. Dijo que reconocía tanto al opresor como al oprimido dentro de su propia vida y cuando no le atacaba uno, lo hacía el otro. El hecho de pertenecer

---

* Canción de protesta que se convirtió en un himno del movimiento por los derechos civiles en Estados Unidos. (Nota de la traducción)

a grupos marginados no le hacía perfecto; todavía era capaz de ser inconsciente y de infligir dolor a las otras sin darse cuenta.

Habló sobre cómo intentaba, cuando le era posible, olvidar el sufrimiento del resto para simplemente refugiarse en su privilegiada piel de hombre blanco. Sus declaraciones eran apropiadas para toda la gente no aborigen, y podían ser incluso útiles para el trabajo interior de la gente aborigen. Era claro y explícito sobre su propio racismo inconsciente y, al mismo tiempo, apoyaba a la comunidad aborigen. Aunque era un hombre joven de poco más de veinte años, era un élder; personal, honesto y capaz de cuidar de todas las personas del Foro Abierto.

Todas agradecemos a esas élders que aparecen de un modo casi mágico cuando se necesitan. El élder es un "participante-facilitador", una persona común que se siente responsable de cuidar a todas las demás. Sin ellas el mundo es un lugar aterrador. En cambio, cuando un élder de este tipo está presente, el mundo se convierte en una casa de huéspedes, una especie de "hogar" donde prácticamente todo y todas son bienvenidas y, de algún modo, necesarias. Las élders crean una atmósfera determinada para las personas y los espíritus invisibles que hay en el aire. Cuando no están representadas, nos ponemos nerviosas. En cierto modo, el Foro Abierto es su centro espiritual, su monasterio.

Cuando las élders están presentes, convierten su propia experiencia de opresión en un regalo para las demás. Las personas que han sido heridas por sus propias familias o que vienen de comunidades marginadas entienden la opresión, porque han vivido sus pormenores. En cierto modo, visto desde el contexto del Foro Abierto, tienen una especie de poder espiritual y consiguen facilitar la escena global ejemplificando la generosidad hacia las demás. Dentro de los confines de un Foro Abierto determinado, esas personas tienen rango, mientras que fuera de ese foro, en la mayor parte del mundo, tienen menos, y es probable que se las maltrate por lo que son.

Cómo crecen las élders

Si has sido menospreciado, estás en camino de convertirte en un élder, provengas o no de una comunidad marginada. Conoces una de las grandes verdades de la vida, una verdad que otra gente intenta olvidar. Todos y cada uno de nosotros puede abusar inconscientemente del poder. Nadie está libre de abusar de las demás sin darse cuenta. Es más, el abuso no es una cuestión exclusivamente externa.

Sin embargo, conocer estas verdades sólo es el comienzo del trabajo con la opresión; éste requiere paciencia, tiempo, y en algunos casos, no puede ser completado en una vida. Quizá pasaste años adormecido en los que querías olvidar el dolor. Estabas paranoico con los demás, o tenías ataques de ira contra cierto tipo de personas. Incluso si nunca te diste cuenta de que la rabia o la paranoia que sentías era consecuencia de acciones opresivas contra ti, puedes haber sufrido depresión o haber tenido deseos de venganza. Puede que hayas buscado consuelo inconscientemente en el tabaco, o en el consumo compulsivo de drogas, alcohol, comida, o sexo. Puedes haberte convertido en alguien que cuida excesivamente a las demás. Quizá desarrollaste otras compulsiones. Quizá temiste estar loco. Algunas personas intentan olvidar el dolor diciendo que lo que ocurrió no es relevante en su historia personal. Cada una de nosotras tiene su modo personal de lidiar con la opresión.

Después viene otra etapa en la toma de conciencia de la opresión. Al descubrir que algo te estaba molestando, puede que te hayas dirigido a la religión o a la espiritualidad para aliviar los problemas de este mundo. O quizá te uniste a pandillas, o te convertiste en un intelectual para "vengarte". Agotado emocionalmente por tus propios problemas, quizá decidiste evitar el mundo, o al menos situaciones como las de los Foros Abiertos, donde los acontecimientos amenazaban con recordarte las dificultades de tu pasado. Quizá pensaste incluso que quienes se enfadan y hablan de temas sociales son gente estúpida.

Recorriste tantos ciclos de depresión y enfado con el mundo que comenzaste a dejar ir la rabia, como si tu fuego ya no tuviese más madera que quemar. Quizá "quemar tu leña" fue lo que te llevó a convertirte en el élder que eres, capaz de tener un interés compasivo por los problemas de las demás. Aunque quizá pensaste que podrías desaparecer de este mundo terrenal de conflictos, algo te trajo de vuelta.

El élder no es únicamente un individuo, sino un rol en el grupo compuesto de individuos como tú que pueden no haberse dado cuenta de que lo que les lleva al ámbito del conflicto es ayudar. En otras palabras, no eres sólo un élder, sino que puedes ser una de las muchas personas que pueden ocupar ese rol. Cuando no ocupas ese rol, lo harán otras de tu organización o ciudad. El élder sabe que además de ser una persona también es un rol. Es consciente de que es prescindible.

El elderazgo es el resultado de un desarrollo interior y es una respuesta a circunstancias externas. Al saber que el campo le atrae, el élder es una combinación compleja de místico y activista, una parte de todas las personas, conectado al sufrimiento de su gente y, al mismo tiempo, al infinito.

La mayoría de élders con las que me he encontrado no son muy conocidas; de hecho, la mayoría puede que nunca sean conocidas más allá de su circulo íntimo de amistades y del momento en que comunican su sabiduría en un Foro Abierto. Otras son famosas. Estoy pensando en Nelson Mandela de Sudáfrica, que evitó en gran medida polarizar a la población negra contra la blanca, para que las personas de su país pudiesen trabajar juntas. Estoy pensando en el liderazgo de Mahatma Gandhi, la espiritualidad de Martin Luther King Jr., y el equilibrio de su profesor, el pastor Howard Thurman, además de muchas otras personas. Me entusiasma la ecuanimidad del Dalai Lama ante la adversidad en el Tíbet. Recuerdo la historia de Juana de Arco, esa "simple campesina de Orleans" (como le gustaba llamarse), que fue quemada en la estaca antes de cumplir los veinte, pero que logró ayudar a la unificación de Francia. ¡Sólo con poder espiritual, logró hacer lo que los reyes no habían conseguido!

Al seguir sus sueños, estas élders nos recuerdan que las grandes visiones anhelan convertirse en realidad. El élder sabe que no sólo él mismo es un sueño, sino que todos los grupos son míticos, y se mantienen unidos por creencias antiguas, tradiciones, espíritus y nuevas historias. Por este motivo el élder es un soñador, a la vez que realista.

Mientras que los líderes famosos modelan aspectos de lo que es necesario para trabajar conflictos globales, todas nosotras necesitamos valorar más a las élders menos visibles. Estos poderes menos evidentes son los que mantienen al mundo unido. Encauzan la lenta transición necesaria para ayudar a los grupos a transformarse desde conglomeraciones autodestructivas de adversarios a comunidades cocreativas orgullosas de sus encuentros interactivos.

Cada día es más que un buen día

Por su desapego y debido a que son sensacionales, las élders pueden ser tiernas y maternales, pero también aterradoras e impredecibles. Un élder usa su conciencia para ver los cambios que intentan emerger. Se da cuenta de sus propias transiciones emocionales y puede moverse entre los roles de facilitador, profesor, activista social, maestro zen, e incluso criminal. Por ejemplo, en uno de sus poemas, el sacerdote budista más compasivo de Vietnam, Thich Naht Hanh, dice, "Llámame la joven mujer que fue violada, y el hombre que lo hizo".

Para el élder, cambiar de roles no es una técnica a ser aprendida, sino una habilidad que surge dentro suyo en respuesta a la situación del momento y para el beneficio de todas. Aunque padece los mismos problemas diarios que el resto, tienes la sensación de que, por alguna extraña razón, su principal objetivo no es que el día sea bueno o malo. El desprenderse de uno mismo es parte de sus enseñanzas. Puede tener una mente muy poderosa y, al mismo tiempo, puede actuar como si no tuviese un yo; es un canal a través del cual habla la naturaleza. Es alguien activo, pero en cierto sentido, no hace nada. Recuerdo las palabras del místico Anasuya Devi de la India, que dijo que nadie puede hacer nada, no puedes ayudar a las demás. La naturaleza lo hace todo. Cumple el rol que te ha sido dado. (Conway 1994)

Puesto que el élder sabe que el Soñar genera las distintas experiencias que tenemos, enseña que la conciencia absoluta proviene únicamente de la comunidad en su totalidad, no de un individuo concreto, incluido él. Para el élder, el mundo es el cielo y el infierno, una basura *y* un milagro. Expresa la segunda revolución, al luchar por los derechos humanos y descubrir el derecho a ser libre de cualquier forma humana particular.

SER SÓLO TÚ ES UN PROBLEMA

Quizá debido a su desapego, el élder sabe que los diálogos que tienen lugar en Foros Abiertos son a la vez personales e impersonales. De hecho, aunque otra gente se relaciona con él o ella como si él o ella fuese un individuo, sabe que identificarse únicamente con su nombre y su cuerpo es un tipo de tiranía interior. En otras palabras, puede ser maravilloso ser tú mismo (el yo es una construcción asombrosa de la naturaleza) pero *siempre* ser *sólo* tu yo es un problema.

Ceñirte a tu identidad hace que tengas miedo al cambio, que es el espíritu del Soñar. Es por eso que la mayoría de nosotras nos aterrorizamos cuando debemos enfrentarnos a las transiciones de la infancia a la madurez, a la paternidad, a la ancianidad, y finalmente a la muerte. Si te identificas con tu vieja identidad, las transiciones son traumáticas.

Cuando eres un élder que sabe que tú mismo y todo lo demás cambia, cualquier problema de grupo con el que te encuentras está conectado con *tu* propio cambio. Cuando no estás en el rol de élder, los problemas del grupo parecen ser ajenos a ti, y apenas eres consciente de que los problemas del mundo están relacionados con tu yo estático y congelado. Mientras prevalezca tu historia personal, la naturaleza orgánica del cambio de roles, o sea, abandonar un rol y desarrollar otros nuevos, es algo imposible. Sin embargo, cuando prevalece el elderazgo, te vuelves un participante-facilitador, sin límites y libre. Para ti, la libertad se manifiesta como la verdad en los distintos roles y las experiencias de conciencia en las que entras y sales.

EL DESCUIDO DEL ÉLDER

Una historia sobre uno amigo mío, Keido Fukushima de Kyoto, Japón, ayuda a ilustrar la relatividad del yo. Un día estábamos hablando de desprenderse del yo y del proceso de cometer "errores". Le dije que el pensamiento orientado a procesos considera los errores accidentales como parte del Soñar y por tanto potencialmente significativos. Le gustó al idea de que si cometo un error, la naturaleza del Soñar está intentando expresarse a través de mí en ese "error" particular. Al valorar los "errores", la desgracia puede convertirse en buena suerte. Me contó la siguiente historia, que repito de memoria.

Hace algunos años él estaba visitando San Francisco, ya que un artista que utilizaba formas de escritura manual elegantes y estilizadas para mostrar sus ideas le había pedido que le enseñase sus habilidades especiales como calígrafo. Cuando llegó a San Francisco, se dio cuenta de que había olvidado su pluma especial de caligrafía. Quizá os estéis preguntando, "¿Cómo pudo un calígrafo olvidar su pluma? ¡Eso sería como si un violinista olvidara su violín!" Me dijo que él también se había preguntado cosas así.

En cualquier caso, como se dio cuenta de que se había olvidado la pluma de caligrafía sólo un par de horas antes de que comenzase la clase, corrió hacia el barrio chino y entró en una tienda en la que vendían plumas. Le dijo al tendero chino, "¡Ayúdeme, por favor, necesito una pluma!" El tendero lo miró fijamente por un momento y dijo: "Veo por la vestimenta que llevas que debes ser un maestro zen, quizá uno famoso. Querido Roshi, maestro zen, ¿cómo puedes haberte olvidado tu pluma?"

Mi amigo, que es un maestro zen (y director de una escuela Rinzai de budismo zen) dijo, "Sí, la olvidé. Por favor, véndeme una". El tendero chino dijo, "Oh, usted es un maestro zen, que extraño que olvide cosas!" e inmediatamente le vendió una pluma nueva.

Al año siguiente el Roshi volvió a San Francisco y, de nuevo, se olvidó algo. Esta vez le faltaba el papel de caligrafía, los largos rollos de pergamino necesarios para su clase. ¡Qué momento más malo para olvidarme del pergamino! De nuevo, dos horas antes de clase, acompañado por los discípulos con los que viajaba, fue al centro y acabó en la misma tienda china del año anterior. Esta vez, después de decirle al tendero que había olvidado su pergamino y necesitaba comprar otro, el hombre no pudo evitar exclamar: "Querido Roshi, querido maestro zen. El año pasado olvidó la pluma. Este año se ha olvidado del pergamino. ¿Qué olvidará el año que viene?" y se rió.

El Roshi nos dijo que la pregunta del tendero fue para él como un *koan* profundo (una pregunta o paradoja destinada a provocar la iluminación). El *koan* hizo meditar al Roshi. ¿Qué olvidaría el año que viene? Entonces, de repente le vino la respuesta. ¡*Satori*! Le dijo al tendero chino, "¿Que qué olvidaré el año que viene? *¡El año que viene olvidaré al calígrafo!*" Y con eso, él, Amy y yo, estallamos en una risa tan fuerte, que nos saltaban las lágrimas.

Si hubiese una única enseñanza zen, que por supuesto no la hay, sería "olvídate de ti mismo". La mayoría de nosotras piensa que cuando cometemos errores hemos fracasado en algo. Sin embargo, al olvidarse de la pluma y el pergamino, el Roshi halló la verdad: ¡olvida al calígrafo! No es fácil traducir sus enseñanzas zen del japonés al inglés. *Ho-ge-jaka Ji-yu* significa aproximadamente que el yo del que dependes puede desecharse. Eso no quiere decir que no tengamos ningún yo; sugiere más bien que dependamos menos de nuestro proceso primario, nuestra identidad, y permitamos una "mente-zen" abierta, creativa. Si tienes una mente zen, la mano se mueve y el cuadro es pintado, pero no hay pintor. Esa es una de las razones por las que Fukushima Roshi usa la caligrafía para mostrar el zen.

Hablábamos de esta historia mientras estábamos sentados en su monasterio de Kyoto, rodeados de jardines hermosos y árboles magníficos. Fue entonces cuando percibí un pensamiento indeseado atrayendo mi atención; estaba celoso de él. Le veía sentado en este monasterio increíble, que parecía relativamente en paz, mientras al mismo tiempo, Amy y yo estábamos sentadas en el fuego del mundo exterior con toda su furia y su odio. (De hecho, él también viaja mucho y trata con el público, a menudo lleno de conflictos, pero eso no lo recordaba en el momento de mi proyección y de mis celos.)

Le conté sobre el camino que Amy y yo estábamos siguiendo y sobre Foros Abiertos recientes. Dijo de un modo espontáneo, "¡Ese camino es un buen camino!"[1] Para mí, esto significó que cada uno de nuestros caminos era valioso y, al mismo tiempo, sólo un camino. Me vino a la mente el aprendizaje de Castaneda de su maestro chamán Don Juan: el camino de toda la gente lleva al mismo lugar, a ninguna parte.

Muerte del facilitador

Hoy comprendo que nuestro mundo real, lleno de paz y conflicto *es* un monasterio. Amo la paz y la belleza de los monasterios, pero también me doy cuenta de que la paz es un estado de la mente que puede ser encontrado en cualquier lugar. En esos tiempos, necesitaba una mayor sensación de desapego de mi yo y mi trabajo, el desapego que proyecté en el Roshi. Mi *koan* fue "Olvida el facilitador y conviértete en uno". Es decir, "Conviértete en un élder". O dicho de otra manera, "¡Deja que las cosas ocurran!"

Después de formarte y aprender tanto como puedas, llega el momento de abandonar al facilitador, dejar que muera, dejar que se retire para que la naturaleza ocupe su lugar. La muerte simbólica del facilitador es un momento paradójico en el que estás muerto y vivo al mismo tiempo. En ese momento, el Foro Abierto, el diálogo social, y el desarrollo organizativo se transforma en trabajo artístico de la naturaleza. Cuando el facilitador se convierte en élder, el Foro Abierto se transforma en un monasterio donde nuestras interacciones las pinta la naturaleza.

El descuido de las relaciones

Como facilitador, sabes que el trabajo de grupo es una cuestión de sufrimiento, vida, y muerte. Sin embargo, como élder, te das cuenta de que la libertad, la igualdad y los derechos civiles son alcanzables únicamente con desapego y conciencia del Soñar. El trabajo artístico de la naturaleza es dramático. Deja que la obra se desarrolle; interpreta sus señales ocultas y fantasmas, sus sentimientos sutiles y monstruos, sus demonios y diosas, sus opresoras y oprimidas. Abandona tu yo cotidiano. Olvídate de ti mismo, al menos de vez en cuando, para que la naturaleza pueda utilizarte para pintar.

No te identifiques con nada en las relaciones, es decir, cambia de bandos y roles cuando tu conciencia revele cambios. No identificarse significa que tu mente cotidiana se da cuenta de que no sabe con certeza quién es nadie (incluido tú mismo). Puesto que todos somos en esencia misterios en transformación, nunca sabrás realmente quién es el "otro". Aquí siguen unos pocos consejos sobre cómo hacer esto:

Facilita conflictos sobre temas de diversidad y tensión internacional utilizando la experiencia mística y los roles de la vida cotidiana.

Permite que los encuentros en las ciudades y organizaciones sean monasterios taoístas conectando la psicología individual con los problemas del mundo.

Deja que el trabajo sea simple. Devuelve el poder del cambio a la naturaleza. Entonces sabrás que los eventos del mundo reflejan tu trabajo interior y que tu trabajo interno es político.

Practica todo esto en tu próximo encuentro cara a cara o en el ciberespacio.

Practica, después olvida.

Cosas a recordar

1. Las élders se elevan sobre los problemas del momento, cuidan del todo, y experimentan el mundo como su familia. Un aspecto particular caracteriza a estas personas: han aprendido a sanarse a sí mismas de la herida profunda de haber sido avergonzadas o despojadas de poder social.

2. La gente de comunidades marginadas conoce los detalles de la opresión. En el Foro Abierto tienen más poder espiritual

y, en principio, son más capaces de facilitar y educar a otras. Dentro del contexto y situación social de los Foros Abiertos tales personas pueden cambiar el mundo.

3. El élder es un místico en acción, una persona conectada con el sufrimiento de su gente y con algo infinito y atemporal. Puede traer sabiduría perenne para soportar la angustia del momento.

4. Después de formarte, da lo mejor de ti como facilitador. Cuando estés extenuado, deja que el facilitador "muera". Déjale ir. Ese momento paradójico permite que nazca el élder y que la naturaleza nos dirija.

5. Desde la perspectiva del élder, el Foro Abierto, el cual parece un infierno para el estado mental ordinario, es un monasterio. El élder ve el mundo como un lugar sagrado donde todo lo que pasa contribuye a fortalecer la sensación de una comunidad de todos los seres.

6. Las relaciones y la comunidad son caligrafía, pinceladas pintadas por la naturaleza. Ver esto te permite dejar que el pincel pinte el cuadro según los sueños del momento.

7. Olvida tu mente cotidiana. Entra en el Soñar. Ahí es donde sabes que la vida misma es un sueño esperando a ser descubierto, y a ser vivido.

Epílogo

Claves del Foro Abierto

Nuestro mundo está a punto de recordar sentimientos profundos. Algunas personas están comenzando a darse cuenta de que los mismos fantasmas opresivos que marginan y privan de derechos a los grupos también marginan el Soñar. Estos son los mismos fantasmas que asustan a nuestros corazones, y causan problemas en nuestras comunidades, organizaciones, y países. Este mundo increíble, asombroso y aterrador es un teatro de sueños. Nuestro mundo es mucho más complejo que lo que nuestra perspectiva actual de la realidad nos permite ver. Todas estamos en el escenario: tú, yo, y los fantasmas de la tiranía, el menosprecio hacia uno mismo, el amor, y Dios. La transformación social que conlleva libertad e igualdad se produce de un modo sostenible al liberar comunidades e individuos, a cada persona, para que sueñen y procesen este teatro exterior e interior. En cierto modo, que nuestras organizaciones y este mundo se vuelvan algo maravilloso y que las comunidades estén a salvo, depende de tu conciencia y de que llegues a ser un participante-facilitador.

CLAVES DEL FORO ABIERTO

Lleva contigo las siguientes claves al foro para liberar su potencial.

PARTE I

Conduciendo el Foro Abierto: Aprendiendo las Bases

A. Más allá de las leyes del orden: Extiende la democracia a Democracia Profunda

1. La democracia está basada en el poder. Sin conciencia, la democracia contribuye a los problemas del mundo, no los resuelve.

2. Los procedimientos típicamente democráticos, como las *Reglas de orden de Robert*, anteponen la eficiencia a los sentimientos.

3. Si "Robert" no es percibido claramente, respetado y descrito como un espíritu presente, cualquier reunión está destinada a ser tan eficiente como represiva.

4. La democracia profunda es un nuevo procedimiento de conciencia que respeta a todas las personas, partes y estados de conciencia.

B. El Foro Abierto como trabajo exterior e interior: El trasfondo y significado de los encuentros

1. Si te esfuerzas por hacer demasiado, puede que estés confiando más en el poder que en la conciencia. La inseguridad aparece si intentas hacer algo sin *sentirte* inspirado. No te necesitamos como líder del cambio mundial. El cambio es inherente a las personas y a la naturaleza. Necesitas conciencia, no poder, para percibir y acompañar los cambios.

2. Si estás asustado, utiliza tu miedo como un rol en el proceso. Tu rol de miedo puede llevar a que las personas se cuiden más unas a otras y haya más respeto. De hecho, tu miedo (o coraje) puede ser justo lo que tu organización está rechazando o marginando. Las organizaciones necesitan que *tú, con todos tus miedos*, lideres Foros Abiertos sin cambiar tu forma de ser. No tienes que pretender ser más valiente de lo que eres. Tu propia personalidad es clave para el trabajo de conflictos.

3. Uno de los objetivos de un Foro Abierto es alcanzar una sensación vívida de poder no gubernamental de "nosotras, el pueblo". Los Foros Abiertos son, en parte, un intento de solucionar el problema de la desesperanza.

4. Los Foros Abiertos aportan esperanza individual al crear la posibilidad a los grupos grandes de tener un impacto directo en los medios de comunicación y en los poderes que nos gobiernan.

5. Los Foros Abiertos nos enseñan cómo frenar los abusos que se dan en un momento dado a nivel de interacción persona-a-persona, cosa que el gobierno no puede hacer. El gobierno no sabe cómo hacerlo. El gobierno sólo sabe hacer leyes. Y las normas no pueden *hacer* que la gente sea consciente de sus actos y sus consecuencias.

6. Clarifica cuáles son tus objetivos personales. ¿Quieres la paz en el mundo? ¿Quieres ser más conocido? ¿Tienes la visión o los objetivos de un activista y quieres cambiar a una parte de tu comunidad? Clarifica tus objetivos y después mira en que medida son los mismos de la comunidad, considerada en su totalidad. ¿Quién comparte tus objetivos y quién no? ¿Hasta que punto coinciden o difieren tus objetivos de los de la gente que ha venido a participar en el Foro Abierto? Si no tienes clara la posible parcialidad de tus objetivos, tu comunidad puede convertirse en tu oponente.

7. Si alguien externo a tu propia organización te ha contratado para que hagas un Foro Abierto, ten claro cuáles son sus motivos. ¿Contra quién luchan? ¿Quién es el "otro" para ellas? El "otro" puede ser uno de los roles que debas interpretar cuando llegue el momento.

8. Facilita un Foro Abierto imaginario como si todas las participantes y sus distintas perspectivas representasen aspectos de ti mismo, para generar así una base sólida de conciencia interna.

C. El Foro Abierto como trabajo grupal: A quién invitar, dónde celebrarlo, por dónde empezar

1. Con que sólo una persona de cada cien sea consciente de lo que está pasando, el grupo se sentirá seguro y respetado.

2. Hoy puedes parecer loco. Mañana, podría parecerlo yo. Por lo tanto, "Hoy por ti, mañana por mi" es mi lema. También podría ser "Hoy por mi, y mañana por ti".

3. Después de investigar tus objetivos personales, debes preguntar a los miembros de la comunidad cuáles son los suyos. ¿Desean sentirse más seguras dentro del grupo? ¿Quieren lograr una mayor sensación de comunidad? ¿En qué temas hay más diversidad? ¿Qué hay de los temas económicos? Investiga la historia del tema que vais a tratar y la historia de la gente que está involucrada.

4. Para tener más claridad, crea un relato, un mito, para esa organización (o ciudad), que incorpore el cuento o relato de cada una de las personas. Cuenta el cuento a otra gente para comprobar su validez.

5. Cualquier tema organizacional es simplemente un rótulo; a la vez que es un rótulo crucial, es lo que está preocupando al grupo en este momento. Al mismo tiempo, el rótulo es un *paraguas* que cubre temas complementarios íntimamente conectados con el tema a ser discutido. Investiga los temas complementarios; si no los tomas en cuenta, pueden aparecer en detrimento del tema principal.

6. ¿Cómo ha manejado la comunidad ese tema en el pasado? Conoce los métodos y programas actuales de la comunidad. Genera redes y colabora con estos programas, tu trabajo actual puede beneficiarse de ellos y usarlos de base.

7. Ahora que conoces el tema, *titula tu Foro Abierto*. Si quieres celebrar un encuentro ciudadano con presencia de los grupos relevantes entorno a ese tema, es mejor escoger un título inclusivo, no excluyente.

8. Habla con élders de confianza de cada grupo que represente una posición distinta en relación al tema a tratar. Las élders no tienen por qué ser jefes: son gente joven o vieja, querida por la comunidad. Considera la posibilidad de que las élders se sienten en frente, junto a las facilitadoras.

9. La ubicación y el horario del foro puede marcar la diferencia. Busca un sitio y una franja horaria que promueva la inclusión.

10. La difusión es importante. Diseña una invitación personal, cálida y afable Crea una invitación calurosa, amable y personal. Sé claro en la información que incluyes en la invitación y cúmplela. Cuando comience el foro refiérete a ella; explica de nuevo de qué trata el foro. También es importante el trabajo previo: llama a la gente e invítala a venir. Asegúrate de que todo el mundo se siente respetado.

11. Para sentirte más preparado, pregunta a tus amigas, conocidas y compañeras de trabajo cómo se te ve en público en cuestiones de género, edad, formación, etc. ¿El rol que la gente espera de ti es el mismo rol con el cual te identificas?

12. Escoge las ponentes que tengan las posiciones más extremas sobre el tema, para evitar el fenómeno de los "fantasmas que acechan".

13. ¿Quién ha sido élder o líder de ese grupo? Ten cuidado con ir en contra de alguien o algún rol que pueda estar presente en el foro. Debes ser consciente de ese rol y ayudar a facilitarlo. Recuerda, cada rol es necesario para que el campo se complete, y las personas no son sólo personas, también son roles.

14. Adapta tu trabajo del Foro Abierto a la comunidad. Descubre su sistema de creencias; su situación (¿dónde se encuentran ahora mismo?); su estilo (¿hablan todas a la vez, o uno a uno?, ¿se comportan educadamente?, ¿cuál es su lenguaje, su estilo cultural, etc.?); su tamaño (si son diez miembros, puedes dedicar más tiempo a cada persona); su compromiso en el tiempo (¿es este un grupo que ya está formado, o sólo se han reunido para una noche?). Desarrolla tu conciencia, pero presta atención a *su* conciencia.

15. Conduce foros simulados. Prepárate para trabajar los temas antes de tiempo, tanto en ti mismo como con tus compañeras de trabajo. En el trabajo de comunidades (incluyendo reuniones ciudadanas y de desarrollo organizacional), utiliza la democracia profunda y trabaja en tus propios sentimientos acerca del foro simulando un foro dentro de ti. Esto es worldwork interno. ¿Qué atmósfera esperas que haya en el foro? ¿Qué roles estarán presentes? ¿Qué fantasmas? ¿Acaso todos estos hechos externos no son también parte de quién eres?

D. El trabajo de conciencia en la facilitación: Aprende de roles, fantasmas y puntos calientes

1. Cuando estés a punto de comenzar un Foro Abierto, tómate un minuto para reconocer el sitio que has escogido y la lengua que utilizas, y piensa cómo esto puede marginar a algunas participantes.

2. Empieza presentándote; comenta algo sobre tu estilo de comunicación y tu personalidad, cosas divertidas de ti, tus miedos, etc. Si no hablas de ti desde el comienzo (*brevemente*), el público te va a interrogar más adelante, pudiendo incluso llegar a atacarte.

3. Reconoce el sufrimiento. Especialmente en zonas de conflicto intenso donde han habido pérdidas y mucho dolor; debes reconocer la magnitud de lo que se va a hacer. Di algo como, " Vamos a hacer un Foro Abierto sobre esta cuestión, que es muy dolorosa. Alguna gente puede no querer ni pensar en este tema, y mucho menos discutirlo. Es por eso que no ha venido todo el mundo. Gracias a las que habéis venido".

4. Agradece a las élders y al resto por venir, agradece a tus ayudantes. Menciona el tiempo disponible para el foro; otorga cinco minutos para cada ponente invitado, y dos minutos a las intervenciones de todas las demás participantes. ¡Y sé breve tú también! Habla de tus objetivos, como por ejemplo que todas las personas se sientan seguras y respetadas. Ten en mente los objetivos principales, como la esperanza de que la comunidad llegue a conocer las distintas partes que la constituyen. Recuerda que muchas comunidades no son conscientes de su propia diversidad.

5. Trabajar con conciencia significa fijarse en el tiempo que hace (la atmósfera que se respira en el grupo en cada momento); los roles (los actores temporales, como el "opresor", el "oprimido", el "terrorista", el "líder", etc. Cada grupo tiene sus propios nombres para estos roles), los roles fantasma (roles de los que se habla, pero con los que nadie se identifica), los límites (interrupciones en la comunicación), y los puntos calientes (temas aparentemente prohibidos o tabú). Ten tacto al comunicar lo que estás percibiendo; deja que la gente y sus procesos te

muestren cómo hacerlo. Recuerda que todo el mundo lleva dentro *todos* los roles.

6. Sugiere tus observaciones conscientes solamente tres veces. Si no obtienen respuesta, admite que no es "el momento" para la comunidad en su conjunto. Utiliza en este caso tu observación como una sugerencia para ti mismo. Dile a la gente, "Ups, esto forma parte de mi propio proceso, lo trabajaré en casa."

7. Durante momentos de escalada de tensión, intenta que no hable más de una persona a la vez. Si no funciona, recuerda la fórmula de los perros y los gatos: *A* en *B*, y *B* en *A*. Una pequeña parte de *B* está escuchando a *A* y una pequeña parte de *A* está escuchando a *B*, aunque puede que no quieran admitirlo.

E. CONCIENCIA DURANTE EL ATAQUE: ENMARCAR Y CENTRARSE EN EL CONFLICTO

1. Un marco hace que una imagen resalte. Del mismo modo, enmarcar las cuestiones, los temas, y los niveles de conciencia aporta claridad. Por ejemplo, enmarcar el trabajo como perteneciente a la realidad consensuada o al mundo de los sueños. Hablar de opresoras como fantasmas en caso que el opresor no se vea a sí mismo como tal. *Interpreta* el rol del opresor para el Foro.

2. Si los miembros de un subgrupo conflictúan entre ellos, enmarca el conflicto haciendo notar que ese grupo nos muestra a todas cómo crear comunidad. Tómalos como un modelo de diversidad.

3. En cualquier momento puede que quieras cambiar de rol y dejar la posición de facilitador. Hazlo conscientemente y comunica a las demás lo que estás haciendo.

4. Si te atacan, establece un diálogo con quien te atacó, y pídele a algún compañero de tu equipo que facilite la interacción. Esta "escaramuza" puede ser de ayuda para todas, especialmente si el punto de vista de tu atacante y el tuyo son dos roles centrales en el conflicto y por tanto, roles que no han sido suficientemente

representados. Ser atacado públicamente no tiene ninguna gracia, pero puede beneficiar a todo el grupo.

5. Presta atención a los aplausos, ten en cuenta que no hay nada más natural que aplaudir para mostrar reconocimiento. De todas maneras, por muy bueno que sea el aplauso para quien lo recibe, el bando contrario se siente agredido.

6. Procesar los problemas en comunidad puede ser la mejor manera de fortalecer su sistema inmunológico ante problemas futuros. Si aparecen momentos de unión, valóralos, ya que fortalecen el sistema inmunológico de la comunidad.

F. Terminando con por qué empezaste: Entra en contacto con las razones más profundas de la existencia

1. Diez minutos antes del final, avisa: "Nos quedan diez minutos, y estamos recién empezando a descubrir distintos aspectos de esta organización. ¿Cuál es el siguiente paso? ¿Quién no ha hablado aún? ¿Quién hará qué? ¿Cuándo y dónde lo haremos?"

2. No olvides decir que sabes que hay gente y grupos que aún no han tenido la oportunidad de hablar. Este reconocimiento les da la oportunidad de hacerlo y asegura que su silencio no se convierta en venganza contra el grupo.

3. La pregunta principal a nivel personal que debes hacerte cuando estés acabando un Foro Abierto es "¿Por qué empezaste? ¿Por qué estabas interesado en hacer este trabajo, qué te llevo a hacerlo?" Habla sobre lo que se consiguió en el el foro y lo que no. ¿Cuál era el mayor sueño que tenías con respecto al trabajo de grupos grandes?

4. Haz un resumen de los conocimientos adquiridos en los distintos temas: "Hoy, hemos reafirmado o descubierto los temas a, b y c".

5. La parte lineal de la comunidad quiere recetas. Si tienes alguna, o se han generado algunas en el Foro Abierto, reitéralas. "Esto es lo siguiente que se tendría que hacer." Reitera también cualquier cambio organizacional o sistémico que se tenga que llevar a cabo. "Observo que se necesita un cambio sistémico (legal, económico). ¿Quién puede trabajar en esto?" También

puedes añadir, "Vamos a reflexionar sobre lo que ha pasado aquí y cómo lo podemos aplicar a nuestra ética del trabajo".

6. Habla sobre lo que has aprendido, agrupando los aprendizajes según el nivel en el que los has percibido: "Se tendría que trabajar la opresión a nivel interno". O puedes decir, "¿Qué tal si hacemos más Foros Abiertos en la escuela (o lugar de trabajo o ciudad)?" Sugiere a la gente que haga un Foro Abierto en su próxima celebración religiosa o familiar.

7. Haz una lista de los diferentes subgrupos de la comunidad y de los métodos que usan. Dales apoyo. Menciona que los logros acontecidos están basados en el trabajo hecho con anterioridad. Sugiere maneras de colaborar entre ellos en el futuro. Explica también a la gente como involucrarse en estos subgrupos.

8. Pasa a las participantes del foro números de teléfono de personas de la organización o ciudad que puedan echar una mano después de que éste haya terminado (por ejemplo contactos de asistencia jurídica y de derechos humanos).

9. Al final del foro, sugiere áreas de encuentro dentro de la sala para profundizar en algunas cuestiones, incluyendo los puntos álgidos.

10. Anuncia un posible tema para el segundo foro; titúlalo simplemente "Qué podemos hacer para mejorar las cosas". El objetivo podría ser escuchar con más atención lo que está pasando realmente y, si es posible, encontrar soluciones para el tema que tratemos.

11. En un tercer Foro Abierto, puedes proponer un título como, "Qué hemos hecho hasta ahora y cómo continuar".

12. Siempre que pienses en un Foro Abierto, recuerda que es tanto un proyecto a nivel interno como a nivel externo. Todo tiene que ver Contigo, la comunidad. Esta es la manera de agradecer al Gran Espíritu.

PARTE II

Una segunda revolución:
Usa la conciencia como tu fuente de energía

A. El activista psicosocial: La comunidad material y la esencia psicológica

1. El trabajo de conciencia avanzado reconoce que la toma de conciencia del Soñar, de los fantasmas y los puntos álgidos, del trabajo interior y de equipo, es una segunda revolución; una revolución que llama a la conciencia del momento-a-momento. La primera revolución es la conciencia de desigualdad y la necesidad de la distribución equitativa de bienes y derechos.

2. Recuerda agradecer a las élders de la comunidad, ya que ayudan a que tenga lugar tu facilitación.

3. Agradece a tu equipo. Tu equipo capta cualquier cosa que esté sintiendo la organización. Tu equipo puede tener los mismos conflictos que la organización en sí misma. Por tanto, si el Foro Abierto se separa en dos bandos opuestos, tu equipo probablemente también reflejará esta fragmentación. Los equipos funcionan mejor cuando son capaces de aceptar su propia diversidad.

4. Siempre existe un conflicto de estilo de comunicación entre los roles intelectuales y los emocionales. Es útil enmarcar la situación explicando que son puntos de vista distintos.

5. Las activistas que lanzan una diatriba en contra de los gobiernos autoritarios, dominantes y patriarcales pueden no ser conscientes de que su estilo *es* el "gobierno" en el Soñar.

6. El activista psicosocial comunica, esencialmente, "Yo mismo soy el mundo". Necesitamos una distribución equitativa de las posesiones materiales y una conciencia constante de lo que está pasando ahora mismo, en cada momento.

B. El trasfondo del Soñar hacia la comunidad: Cómo pasar de la desesperanza al empoderamiento y la libertad

1. Las expresiones de desesperanza pueden deberse a deseos de venganza ocultos, una reacción de alguien por haber sido despreciado en público. La desesperanza también puede ser consecuencia de la imposibilidad de tratar con generalizaciones sobre la historia y sobre quienes ostentan el poder y no están representadas en ese momento. Representa a estas entidades como roles fantasma. Recuerda que la noción de corporaciones multinacionales puede ser una proyección de nuestra propia tendencia a ignorar a los individuos al globalizar o generalizar.

2. El Foro Abierto es una reacción a todas las formas de desesperanza ante el cambio social. Recuerda que parte de la desesperanza es la depresión que genera el lidiar únicamente con realidades externas, con estadísticas y hechos. No olvides el Soñar, el juego y la imaginación.

3. No hay congregación a la que predicar; de hecho, el foro, y cualquier grupo, es una conglomerado parecido al mundo mismo.

4. La gente se va de los foros antes de que acaben por muy diversos motivos. Pero no se va del todo, puesto que el rol que "trajo" al foro en la forma aparente de su persona sigue existiendo, independientemente de ella, en forma de un rol fantasma que siempre estará presente dondequiera que hayan seres humanos. Por lo tanto, permite que las personas entren y salgan cuando quieran.

5. De alguna manera, nada en un Foro Abierto es personal, aunque en ocasiones así se sienta. Lo que está ocurriendo, es una dramatización cósmica que busca a gente que ocupe estos roles. Cuando esa gente se va, otras personas ocuparán su lugar.

6. Es común criticar o denigrar a las autoridades, pero recuerda que el crítico que está las menospreciando puede ser también una "autoridad".

7. El caos y la escalada alrededor de los puntos álgidos da miedo, pero si sugieres confiar en que las personas agitadas van a

hacerlo lo mejor posible, si te enfocas y escuchas, la escalada (y la guerra) se vuelve menos necesaria.

8. Somos nuestros roles sociales, y somos libres de todos los roles. Como cualquier otra cosa en este universo, somos una mezcla de polvo de estrellas, una parte del infinito, y por tanto podemos estar orgullosas de nuestra mezcla particular.

9. Incluso la persona más imposible es un rol; llamémosle "el tirano". Sal del rol de facilitador por un momento y confróntale, debes usar la conciencia para hacerle notar su uso de poder inconsciente. Pero asegúrate de no entrar por mucho rato en los roles de "generador de consciencia" o de "educador heroico"; ya que éstos pertenecen al despertar propio de la comunidad.

10. Si no puedes enfrentarte al tirano, puede ser que el miedo sea el siguiente rol fantasma a actuar.

C. Los medios de comunicación como sueño del despertar: Los medios de comunicación son un problema mientras no los impactes

1. Los medios son al mundo lo que un gran sueño es a la persona que duerme. Los dos te piden noticias breves y te hacen sentir más importante que el resto de comunidad.

2. Sé consciente de todos los puntos de vista dentro de ti en lugar de dejarte polarizar por los medios y confrontarte con los puntos de vista bueno/malo, éxito/fracaso.

3. Los medios sacan los problemas de contexto. Valora el relato que intentan contarte pero vuelve a ponerlo en contexto, recordando a todo el mundo los objetivos principales y el trasfondo histórico del foro.

4. El diálogo y los cambios sutiles de sentimientos no dan dinero. El bien y el mal son más sencillos de ver que los cambios sutiles conciencia y las leves e inconmensurables variaciones en la atmósfera de las organizaciones. Pero en los procesos es donde ocurren lentamente los cambios importantes e inconmensurables.

5. Si eres pasivo en relación a los medios, los verás como malos y a ti como bueno. Sin embargo, si escoges ser activo, puedes utilizar tu propio pensamiento dualista para crear tu propio relato.

6. Escribe tu propio relato sobre lo que te imaginas que podría, o debería, ocurrir en tu organización o ciudad. Esta es la historia que te está moviendo. Escríbela con detalle. Este es el relato que te está usando a ti para hacerse consciente al resto de gente.

7. La verdad completa incluye la sutileza y el diálogo, además de la personalidad y punto de vista del periodista. Nadie es únicamente un rol. *Quién* ese periodista es, pertenece al relato.

8. ¿El foro funcionó? Sí, siempre, en lo que se refiere al aumento de conciencia. Si todo lo que hizo fue anunciarse y publicitarse, ya fue un éxito. Todo lo demás son los postres.

D. La vacuna de la gripe contra la guerra: La esencia de la venganza

1. Cualquier guerra es una guerra mundial, pues la guerra se origina en los conflictos que no son afrontados.

2. Las teorías de la guerra no invitan a trabajar con grupos grandes y diversos en los que haya bandos en conflicto, y ahí es donde estallan finalmente los conflictos.

3. Los Foros Abiertos modelan la conciencia relativa al trabajo interior, al trabajo de relaciones, al rango y al poder en todos los niveles y momentos, y de este modo colaboran en reducir la violencia.

4. Para prevenir la violencia y la guerra en el foro, complementa el trabajo sobre un tema determinado trayendo conciencia de todos los otros temas que también hay al mismo tiempo. Bajo el paraguas de un problema están todos los demás. Cuando trabajes con las razas, recuerda el género. Cuando trabajes el sexismo, recuerda la economía. Cuando trabajes la economía, recuerda los sueños, la biología, la teoría militar, etc.

5. Los conflictos graves nos desafían a que hagamos nuestra vida cotidiana más estimulante y a que nos arriesguemos a procesar temas polémicos relacionados con la diversidad.

6. Cuando estés en medio de una situación de violencia, únete a la persona que aparentemente esté en un estado más extremo y di, "¡SÍ! Entiendo de donde venimos 'nosotras'".

7. Si te adentras en la violencia, sabrás que la agonía no va a desaparecer si no se descubre su esencia. Si lo puedes sentir como real, toma el rol de la persona violenta diciendo algo así como "Por favor, recuerda que no estamos sólo vengándonos, estamos buscando igualdad".

8. Reduce la violencia del mundo con conciencia momento-a-momento de la opresión. La violencia potencial es un camino rápido hacia la equidad externa y la libertad interna. Si tienes todo esto presente, llega el momento de reconocer la guerra como algo pasado de moda.

9. Las experiencias cercanas a la muerte en tiempos de guerra nos recuerdan que no somos simplemente la víctima o el perseguidor. Saber eso nos puede ayudar a algunas de nosotras a cambiar de roles antes de que el final de la vida nos fuerce a hacerlo.

E. El Foro Abierto como monasterio del élder: el olvido que ayuda a la danza del universo

1. Las élders se elevan sobre los problemas del momento, cuidan del todo, y experimentan el mundo como su familia. Un aspecto particular caracteriza a estas personas: han aprendido a sanarse a sí mismas de la herida profunda de haber sido avergonzadas o despojadas de poder social.

2. La gente de comunidades marginadas conoce los detalles de la opresión. En el Foro Abierto tienen más poder espiritual y, en principio, son más capaces de facilitar y educar a otras. Dentro del contexto y situación social de los Foros Abiertos, tales personas pueden cambiar el mundo.

3. El élder es un místico en acción, una persona conectada con el sufrimiento de su gente y con algo infinito y atemporal. Puede traer sabiduría perenne para soportar la angustia del momento.

4. Después de formarte, da lo mejor de ti como facilitador. Cuando estés extenuado, olvida al facilitador. Déjale ir. Ese momento paradójico permite que nazca el élder y acostumbran a emerger cosas increíbles.

5. Desde la perspectiva del élder, el Foro Abierto, el cual parece un infierno para el estado mental ordinario, es un monasterio. El élder ve el mundo como un lugar sagrado donde todo lo que pasa contribuye a fortalecer la sensación de una comunidad de todos los seres.

6. Desde un punto de vista espiritual, las cosas son más fáciles como facilitador cuando te das cuenta de que la gente toma los roles que la naturaleza les pide que interpreten. De hecho, la acción social necesita los sueños para completarse a sí misma. Las relaciones son la caligrafía de la naturaleza, un sueño teatral creado por la naturaleza. Ver eso te libera para ayudarla a pintar el futuro cuadro de la comunidad.

Notas Finales

Prólogo

1. Expongo el concepto el concepto de democracia profunda en *The Leader as Martial Artist, An Introduction to Deep Democracy* ("El liderazgo como Arte Marcial: Una Introducción a la Democracia Profunda"), Harper Collins, 1992, y *Sentados en el fuego: cómo transformar grandes grupos mediante el conflicto y la diversidad*, Icaria, 2004. Más información en la bibliografía.

Capítulo 1

1. El 10 de diciembre de 1948, la Asamblea General de las Naciones Unidas aprobó y proclamó la Declaración Universal de Derechos Humanos. Tras este acto histórico, la Asamblea pidió a todos los Países Miembros que publicaran el texto de la Declaración y dispusieran que fuera "distribuido, expuesto, leído y comentado en las escuelas y otros establecimientos de enseñanza, sin distinción fundada en la condición política de los países o de los territorios".

2. Véase la edición revisada en: *Robert's Rules of Order Revised*, 1996 (www.ConstitutionSociety.org). Henry Martin Robert nació el 1837 y murió el 11 de mayo de 1923 en Hormel, Nueva York. Graduado (1857) por la Academia Militar de Estados Unidos en West Point, Nueva York, se retiró (1901) con rango de brigadier general. Durante la Guerra Civil Estadounidense (1861-65), mientras estuvo destinado en New Bedford, presidió reuniones turbulentas en su iglesia; más tarde en una investigación, descubrió que no existía ningún recopilatorio de reglas parlamentarias aceptadas. Después empezó a redactar su propio código, el cual rompía con el precedente inglés cuando lo creía necesario, y así produjo el *Manual de bolsillo de reglas de orden para asambleas deliberativas* el año 1876. El trabajo tuvo gran aceptación y se hicieron numerosas ediciones durante la vida de Robert, entre las cuales hubo la del año 1915 titulada *Reglas de orden de Robert para asambleas deliberativas* (revisada el 1971 y titulada *Reglas de orden (revisadas) de Robert*). La *Práctica parlamentaria de Robert* y *Ley parlamentaria* (1922) se imprimían hasta los años 70'.

3. El prefacio de las *Reglas de orden (revisadas) de Robert* que se encuentra en la página web de *Constitution Society* dice: "El propósito de las reglas de procedimiento es ayudar a que una asamblea logre, de la manera más ordenada posible, realizar la tarea para la que fue citada. Para hacer esto, es necesario restringir en algo los miembros individuales, ya que el derecho de un individuo, en cualquier comunidad, a hacer lo que le plazca es incompatible con los intereses del grupo visto como un todo. Donde la ley esté ausente y cada persona hace lo que a su juicio cree que es lo correcto, ahí no habrá libertad real... Es más prudente establecer una regla que nos guíe que cuál debe ser esa regla. Debe existir uniformidad en los procedimientos, no sujeto a los caprichos de quien preside o de alguno de los miembros. Es prudente que el orden, el decoro y la decencia se preserven en cualquier organismo público".

4. La historia de los procesos parlamentarios des del pueblo anglosajón pasando por la creación de las reglas de Robert se puede encontrar en *Reglas de orden de Robert*, revisadas de nuevo, 1990, 9a edición del general Henry M. Robert, Harper Collins, N.Y. Según Robert, "La gran lección a aprender para las democracias es que la mayoría dé a la minoría la oportunidad de exponer su punto de vista completa y libremente, y después, que la minoría, habiendo perdido ante la opinión de la mayoría, acate y reconozca con gracia la acción como de toda la organización, y alegremente asista en llevarla a cabo, hasta que pueda conseguir su derogación".

Capítulo 3

1. El nombre original de este grupo era *Black Panther Party for Self-Defense* (Partido pantera negra de autodefensa), y fue una organización política afroamericana fundada por Huey Newton y Bobby Seale el 1966 en Oakland, California. El propósito original era patrullar los barrios negros para proteger a sus residentes de actos de brutalidad policial. Con el tiempo, los Pantera negra pasaron a ser un grupo Marxista revolucionario que incitaba a la población negra a ejercer el derecho de poseer armas, a la exención de todas las sanciones de la llamada América blanca hacia las personas negras, la liberación de la gente negra de la cárcel, y al pago de una indemnización a las

personas negras por los siglos de expoliación por los americanos blancos.

Capítulo 6

1. Harrison Owen es el creador de las Tecnologías de espacios abiertos y el autor de *Open Space Technology. A User's Guide.* ("Tecnologías de espacio abierto: guía del usuario")

Capítulo 8

1. Ella probó de protegerse diciendo "Espera un momento, quiero tanto a mi madre como a mi padre". Al poco rato, otra mujer se puso de pie en el lado de su hermana y dijo con orgullo, "Escuchadme, Dios no es negro ni blanco. ¡Y yo soy, en primer lugar y por encima de todo, una hija de Dios!"

Capítulo 11

1. Véase el fantástico libro de Timothy Conway, *Women of Power and Grace.* ("Mujeres del poder y la gracia"). (New Californian Wake Up Press.). Anasuya Devi nació el 1923 y murió alrededor del año 1996. Hizo mucho trabajo social y, a su manera, fue una especie de Madre Teresa. Alguna de las cosas que decía son chocantes, así que ¡prepárate!. Uno de sus discípulos le preguntó "Si la mente incita a alguien a hacer el mal, es esto malo?" Ella respondió "No tengo listas sobre el bien y el mal, hijo mío. Una vez, un compañero vino lamentándose que había descubierto algunas cosas malas de sí mismo y me preguntó si estas podrían ser divinas. Yo le contesté que no las tendría si Dios no lo hubiera querido". Cuando le preguntó qué hacer con el mundo, ella dijo; "Haz lo que te sientas incitado a hacer. ¿No será que ESO te incita a ti?" En otras palabras, lo que parece personal viene de energías cósmicas.

Bibliografía

Atlee, Tom. *The Co-Intelligence Institute Promotes Collaboration,*2001.
    <http://www.co-intelligence.org>

Boal, Augusto. *Teatro del oprimido.* Traducido por Graciela
    Schmilchuck. Barcelona: Alba editorial, 2009

Bondurant, Joan V. *Conquest of Violence: The Gandhian Philosophy of*
    Conflict ("La conquista de la violencia: filosofía gandhiana del
    conflicto"), rev. Berkeley, Calif.: University of California Press,
    1965.

Castaneda, Carlos. *Viaje a Ixtlan.* Traducción de Juan Jovar. Madrid:
    Fondo de cultura económica de España, 2010.

Constitution Society. *Robert's Rules of Order Revised* <http://www.
    constitution.org/rror/rror-03.htm>

Conway, Timothy. *Women of Power and Grace.*("Mujeres del poder y
    la gracia"). Santa Barbara, Calif.: New Californian Wake Up
    Press, 1994.

Fisher, Louis, ed. *The Essential Gandhi* ("Gahndi esencial"). New York:
    Vintage books, 1962.

Mandela, Nelson. *El largo camino hacia la libertad. La autobiografía de*
    Nelson Mandela. Trducido por Antonio Resines Rodríguez.
    Madrid:Aguilar editorial, 2010

Mindell Arnold. *Dreaming While Awake: Techniques for 24-Hour Lucid*
    Dreaming. ("Soñando mientras despiertas: técnicas para el
    sueño lúcido las 24 horas"). Charlottesville, Va.: Hampton
    Roads Publishing Co., 2000.

Mindell Arnold. *Quantum Mind: The Edge Between Physics and*
    Psychology ("Mente cuántica: el límite entre la física y la
    psicología"). Portland, Ore.: Lao Tse Press, 2000.

Mindell Arnold. *Sentados en el fuego. Cómo transformar grandes grupos*
    mediante el conflicto y la diversidad. Traducido por José luís
    Escorihuela y Leticia Mendoza. Barcelona: Icaria editorial,
    2004

Mindell Arnold. *The Leader as Martial Artist: An Introduction to Deep*
    Democracy, Techniques and Strategies for Resolving Conflict and
    Creating Community ("El liderazgo como Arte Marcial: Una
    Introducción a la Democracia Profunda, técnicas y estrategias
    para la resolución de conflictos y la creación de comunidad").

HarperCollins: San Francisco. Portland, Ore.: Lao Tse Press, 1992/2000.

Mindell Arnold. *The Year I: Global Process Work with Planetary Tensions.* ("Año I: trabajo de procesos global con tensiones del planeta"). New York and London: Penguin-Arkana, 1990.

Mindell, Arnold. *The Dreambody in Relationships.*("El cuerpo que sueña en las relaciones"). New York and London: Penguin, 1987.

Owen, Harrison. *Open Space Technology. A User's Guide.* ("Tecnologías de espacio abierto: guía del usuario"). Potomac, Maryland. Abbot Pub, 1992.

Reiss, Gary. *Changing Ourselves, Changing the World.* ("Cambiándonos a nosotros mismos, cambiando al mundo"). Tempe, Ariz.: New Falcon Press, 2000.

Robert, Gen. Henry M. *Robert's Rules of Order Revised*, 9th ed. New York: HarperCollins, 1990.

Sharp Gene. *Power and Struggle: Politics of Nonviolent Action.* ("Poder y lucha: políticas de acción no-violenta"). Boston: Porter Sargent, 1973.

Tart, Charles. *Open Mind, Discriminating Mind: Reflections on Human Possibilities.* ("Mente abierta, mente perspicaz: reflexiones sobre las posibilidades humanas"). New York: Harper & Row, 1989.

Ury, William L. *Alcanzar la paz: Resolución de conflictos y mediación en la familia, el trabajo y el mundo.* Traducido por Eloisa Vasco Montoya. Barcelona: Paidós ibérica, 2005.

Washington Post. 23 de agosto de 1999.

Weitzel, Tim y Gary Had. *Make friends with the wild things.* ("Hacerse amigos de las cosas salvajes"). ASTD (American Society for Training and Development) *Training & Development Magazine*, 2001.

Zeitlin, Aaron. Warner Brothers for Mills Music, Inc.

El Dr. Arnold Mindell es autor de otros quince libros entre los que se incluyen *The Dreammaker's Apprentice* ("El aprendiz de constructor de sueños") (Hampton Roads, 2001), *Quantum Mind* ("Mente cuántica") (Lao Tse Press, 1999), y *The Shaman's Body* ("El cuerpo del Chamán) (HarperSanFrancisco, 1993). Es conocido a nivel mundial por su innovadora síntesis entre trabajo corporal y de sueños, terapia Junguiana y procesos de grupo, conciencia, chamanismo, física cuántica y resolución de conflictos. El Dr. Mindell viaja extensamente dentro y fuera de Estados Unidos, impartiendo seminarios y dando conferencias tanto en ámbitos profesionales como en televisión y radio. Vive en Portland, Oregón.

Bienvenidas a DDX

¡Bienvenidas al interior de una publicación de Expresiones de Democracia Profunda (DDX)!

Somos la editorial de *Deep Democracy Institute* (Instituto de Democracia Profunda). Publicamos libros, películas, música y arte visual que contribuyan a la investigación y el desarrollo de enfoques transdisciplinares que nos permitan superar, a la vez que aprender, de los retos a los que nos enfrentamos como especie y como planeta.

El libro "La Democracia profunda de los Foros abiertos", de Arnold Mindell, fue publicado el 2002 por Hampton Courts, Charlottesville, Estados Unidos. Presenta las bases de la metodología de la Democracia profunda para la facilitación de grupos numerosos, siendo un manual de utilidad para líderes, facilitadoras y cualquier persona interesada en interactuar en el espacio público.

Estamos contentas de ofrecer este libro a la comunidad de habla castellana dentro nuestra serie de clásicos de la democracia profunda.

Deep Democracy
Exchange

Trabajo
de Procesos.
el Instituto

El Instituto de Trabajo de Procesos y Democracia Profunda es una organización sin animo de lucro creada en 2012 dedicada a la promoción del trabajo de procesos a través de la formación, investigación, conferencias, charlas o cualquier otra actividad que apoye que más personas conozcan el trabajo de procesos y sus aplicaciones.

La creación del Instituto viene de la profunda inspiración que sentimos por el Trabajos de Procesos y la urgencia y necesidad de que más personas lo conozcan.

Instituto de Trabajo de Procesos y Democracia Profunda
info@trabajodeprocesos.net
www.trabajodeprocesos.net

iiface
Instituto de facilitación y cambio

IIFACE-E somos un grupo de profesionales que trabajamos como guías de un proceso para crear un equilibrio entre participación y resultados. Trabajamos como facilitadores/as del consenso, la toma de decisiones, el proceso de grupo y del ser humano en todos sus ámbitos y necesidades.

Para abordar los diferentes aspectos de los procesos grupales, utilizamos diferentes técnicas y metodologías, que también aplicamos al propio grupo que formamos como profesionales. Por eso, somos un grupo en aprendizaje e innovación constante.

www.facilitacion.org

Desarrollamos e implementamos soluciones transdisciplinarias para organizaciones, empresas, gobiernos, comunidades e individuos en todo el mundo.

Hacemos consultoría, facilitación, coaching, y formaciones basados en la Democracia Profunda y el Trabajo de Procesos en los Estados Unidos, Europa, Rusia, África, Medio Oriente, Sudamérica y Asia Central.

Publicamos libros, vídeos y audios sobre temas complejos globales y locales que requieren enfoques no lineales y multidimensionales.

contáctanos al correo:
info@deepdemocracyinstitute.org

o mira nuestro calendario internacional de eventos de entrenamiento:
www.deepdemocracyinstitute.org

Instituto de Democracia Profunda Internacional

Think-tank, grupo de consultoría y de entrenamiento
Instituto global de liderazgo y worldwork

www.deepdemocracyinstitute.org

Grupo editorial y de producción de vídeos

Expresiones de Democracia Profunda

ddexpresiones@deepdemocracyexchange.com

www.ingramcontent.com/pod-product-compliance
Lightning Source LLC
Chambersburg PA
CBHW022332280326

41934CB00006B/613